新时代文秘类专业系列教材

办公室事务管理实务

BANGONGSHI SHIWU GUANLI SHIWU

（第3版）

主　编　焦名海

副主编　雷　鸣　曾雪晴　钟春花

参　编　王桂梅　李　哲　李　华

重庆大学出版社

内容提要

本教材以办公室文员的职业岗位内容和成长规律为依据，采用“项目导向，先会后懂，理实一体、逐级递进”的教学理念重组教材结构，将职业素质、职业能力和职业技能培养作为目标，通过项目引导，以工作任务为核心，借助真实的办公室工作案例为载体，同时通过教、学、做一体化训练秘书职业技能，使教材具有较强的可操作性。

本书共4编13个项目：第一编为入职办公室，包括认识办公室事务、熟悉办公的环境两个项目；第二编为办公室前台工作，包括办公室邮件处理、前台接待两个项目；第三编为办公室日常工作，这是本书的重点，包括办理办公室文件、安排日常会议、办公室印信管理、办公室后勤管理、上司出差服务、办公室值班与考勤工作、办公室信息资源管理七个项目；第四编为办公室专项工作，包括活动的组织与安排、办理证照批文两个项目。每个项目通过“前面的话”和“项目关键词”让学生了解本项目的学习目标，然后通过“职场导例”激发学生的学习兴趣，最后以“工作任务”为驱动，促进学生办公室事务管理实务的知识与技能的提高。在实训环节中，包括任务描述、实训目的、实训任务、实训成果、实训指导、相关链接、拓展练习等相关内容。

本书主要面向高职高专文秘、行政管理等专业的学生，也可作为文秘、行政管理专业实训教材，以及文秘工作者的参考资料。

图书在版编目(CIP)数据

办公室事务管理实务 / 焦名海主编. --3版. --重庆：重庆大学出版社，2019.12(2024.8重印)
新时代文秘类专业系列教材
ISBN 978-7-5624-8452-3

Ⅰ.①办… Ⅱ.①焦… Ⅲ.①办公室工作—管理—高等学校—教材 Ⅳ.①C931.4

中国版本图书馆CIP数据核字(2019)第275969号

新时代文秘类专业系列教材
办公室事务管理实务
(第3版)
主　编　焦名海
副主编　雷　鸣　曾雪晴　钟春花
策划编辑：贾　曼　唐启秀
责任编辑：李桂英　　版式设计：唐启秀
责任校对：刘志刚　　责任印制：张　策
*
重庆大学出版社出版发行
出版人：陈晓阳
社址：重庆市沙坪坝区大学城西路21号
邮编：401331
电话：(023) 88617190　88617185(中小学)
传真：(023) 88617186　88617166
网址：http://www.cqup.com.cn
邮箱：fxk@cqup.com.cn (营销中心)
全国新华书店经销
重庆正文印务有限公司印刷
*
开本：787mm×1092mm　1/16　印张：12　字数：258千
2019年12月第3版　2024年8月第8次印刷
ISBN 978-7-5624-8452-3　定价：32.00元

编委会

BIANWEIHUI

总序

ZONGXU

用“十年磨一剑”来形容本系列教材是很恰当的，十年中本系列教材经历了以下三个阶段的历练。

2009 年，重庆大学出版社邱慧和贾曼同志来南通大学与我商谈，出版社准备出版一套文秘专业教材。我们所见略同，一拍即合。重庆大学出版社决定由我牵头在全国范围内遴选组建两百多人的编写团队，编写出版了 34 种文秘专业教材，在全国百余所院校使用后反响良好。其中 5 种教材于 2013 年被教育部作为“十二五”国家级规划教材立项。

2014 年，重庆大学出版社贾曼同志来华侨大学与我商谈，根据文秘专业教学需要，出版社准备从上述 34 种教材中遴选 27 种修订出版，我们所见略同，一拍即合。教材出版后有 5 种教材于 2014 年被教育部正式评为“十二五”国家级规划教材。

具体书目如下：

一、教育部职业院校文秘类专业教学指导委员会规划教材（国家“十二五”规划教材 3 种）

档案管理实务（第 2 版）（国家“十二五”规划教材）
商务秘书实务（第 2 版）（国家“十二五”规划教材）
商务写作与实训（第 2 版）
秘书理论与实务（第 2 版）
秘书职业概论（第 2 版）
秘书心理与行为（第 2 版）
秘书写作实务（第 2 版）（国家“十二五”规划教材）
企业管理基础（第 2 版）
秘书岗位综合实训（第 2 版）
秘书语文基础（第 2 版）
秘书信息工作实务（第 2 版）
会议策划与组织（第 2 版）
办公室事务管理实务实务（第 2 版）
市场营销理论与实务（第 2 版）
人力资源管理理论与实务（第 2 版）
社会调查实务
新闻写作（第 2 版）
办公自动化教程（第 2 版）

二、高等院校文化素质教育系列教材(国家“十二五”规划教材2种)

职业礼仪(国家“十二五”规划教材)
毕业设计(论文)写作指导(第2版)(国家“十二五”规划教材)
公共关系实务(第2版)
口语交际与人际沟通(第2版)
形体塑造与艺术修养(第2版)
规范汉字与书法艺术(第2版)
实用美学与审美鉴赏(第2版)
文学艺术鉴赏(第2版)
文化产业管理概论

2019年,重庆大学出版社贾曼同志来郑州大学与我商谈,出版社准备在以上27种教材中遴选16种教材进行修订出版,我们所见略同,一拍即合。

这次修订出版的教材分为两个系列,具体书目如下:

一、新时代文秘类专业系列教材(国家“十二五”规划教材3种)

档案管理实务(第3版)(国家“十二五”规划教材)
商务秘书实务(第3版)(国家“十二五”规划教材)
商务写作与实训(第3版)
秘书理论与实务(第3版)
秘书写作实务(第3版)(国家“十二五”规划教材)
秘书信息工作实务(第3版)
会议策划与组织(第3版)
办公室事务管理实务实务(第3版)
人力资源管理理论与实务(第3版)
办公自动化教程(第3版)

二、新时代文化素质教育系列教材(国家“十二五”规划教材2种)

职业礼仪(第2版)(国家“十二五”规划教材)
毕业设计(论文)写作指导(第3版)(国家“十二五”规划教材)
口语交际与人际沟通(第3版)
规范汉字与书法艺术(第2版)
实用美学与审美鉴赏(第3版)
社会调查实务(第2版)

十年来,我先后担任教育部高职高专文秘类专业教学指导委员会主任委员、教育部职业院校文秘类专业教学指导委员会主任委员。目前担任中国教育学会秘书学专业委员会副理事长。作为重庆大学出版社文秘系列教材的总主编,十年中我与编写团队、出版社以及全国秘书专业教师，都非常关注教材使用的效果。为此，我还牵头主持完成了教育部课题《文秘类专业职业教育教材质量抽查》（2014JCCC033）》，不断跟踪研究如何提高文秘教材质量。

本系列教材以习近平新时代中国特色社会主义思想为指导，根据文秘专业最新国家标准和用人单位对文秘专业人才的需求，按照“工学结合、理论够用、突出实训”的原则调整大纲、遴选内容、更新案例、设置单元，突出核心知识点，实训举一反三；凡涉及国家标准的内容，如公文、标点符号、数字用法、计量单位、秘书职业标准等都采用最新国标；教材名称与教育部公布的文秘专业课程名称尽量一致，确保教材选用的精准性和契合度；为保持教材的延续性和生命力，根据老中青相结合的原则适度调整了修订人员；根据“互联网+”的时代特征，部分教材增加了视频、课件、图片、音频等数字资源，不断增强教材的时代感；教材开本及体例原则上不变，但封面及装帧也做了重新设计。

文秘专业系列教材的发展方向是：“传统纸质教材+配套数字资源+在线教学服务平台”，这种新形态教材的开发与教学服务平台的建设，会进一步适应新时代文秘专业人才培养的需要，这也要依靠全体编写人员和各校文秘专业骨干教师的不懈努力。

孙汝建

2019年8月

（作者现为郑州大学文学院特聘教授、中国教育学会秘书学专业委员会副理事长、上海师范大学汉语言文字学专业文学博士）

修订前言

XIUDING QIANYAN

行政办公室在单位起着上传下达、协调各方的作用，它的地位和作用是其他部门无法代替的。随着社会经济的发展，办公室工作也在不断变革，这不仅体现在办公手段、办公工具的升级，而且还体现在办公室职责的外延不断拓宽。办公室除了处理日常事务、服务领导以外，还要处理大量专项事务。为了让教材适应发展需求，我们在充分调研和多年教学的基础上，对原有教材进行了修订。

本书在修订后，具有以下特色：

(1)按办公室岗位内容和办公室文员的成长规律，选取、编排教学内容。教材中安排4个模块13个工作情境，每个工作情境安排2个学习任务。

(2)以优秀办公室人员的成长安排训练路径，重视策略的获得与默会知识的积累。每个任务学习以工作情境方式呈现给学生，以帮助学生获得从事办公室工作的策略和职场所需的默会知识。

(3)突出“训练”主线，让“教、学、做”一体化。本书中以“职场导例”开始，激发学生训练兴趣，然后学生在教师指导下学习“理论知识”，完成“工作任务”实训，最后通过“拓展实训”培养学生的迁移能力，实现“教、学、做”一体化。

(4)建立了从易到难、从简单事务处理到复杂事务处理、从遵令执行到参与管理的训练体系。

(5)在表述语言上，尽量选择学生喜欢的语言，比如前两版的“学习目标”改为“前面的话”和“项目关键词”，后者用学生喜欢的语言与阅读方式呈现了出来。

本书由深圳信息职业技术学院焦名海担任主编，编写工作得到了广东科学职业技术学院、湖南大众传媒职业技术学院、郑州牧业工程高等专科学校等学院老师以及深圳市维他(光明)食品饮料有限公司高级秘书钟春花女士的大力支持。各位老师的具体编写分工如下：焦名海提出编写思路，设计编写大纲和体例，并编写了项目一、二、三、六、八、十；雷鸣编写了项目十一、十二；曾雪晴编写了项目五、七；钟春花编写了项目四；李哲编写了项目九；李华编写了项目十三。

本书可作为高职高专院校、成人高校文秘、行政管理等专业的教学用书，也可作为其他专业学生和企业文秘人员的培训教材。

在本书编写过程中，编者参阅采撷了大量国内外同类教材和专家学者的研究成果，恕不能一一列出，在此谨向各位作者致谢！

尽管我们在本书的编写中，致力于探索高职高专院校工学结合的人才培养模式并以此来设计教材内容，但是限于编者的水平和能力，本书还有许多不成熟的地方，恳请同行及读者批评指正。

编　者

2019 年 4 月

目　录

第一编　入职办公室

DIYIBIAN
RUZHI BANGONGSHI

项目一
认识办公室事务

前面的话

本项目类似于一份“指南”，为你勾画办公室及办公室事务的轮廓，解除你“办公室事务管理实务学什么啊”的疑惑或者消除你“办公室工作就是打杂跑腿”的误识。尽管只是勾勒或描摹，但是学习本项目还是需要你在打开这本书时充满好奇与热情，需要你去关注与思考。

在任务一中，你要掌握办公室概念与特点，办公室作用与地位以及办公室事务的内容和特点，目的是让你了解办公室这个机构的功能以及它的岗位工作内容。在任务二中，你需要掌握办公室各个岗位的不同职责，目的在于让你知道要胜任这个岗位你需要具备哪些能力和什么样的素养。

项目关键词

⊙ 办公室概念

⊙ 办公室的地位和作用

⊙ 办公室事务的内容与特点

⊙ 办公室人员的工作职责

职场导例

下面是某公司办公室文员一天的生活记录：

6:30 起床，7:00 从家里出发，在拥挤的公交车上奔赴单位。

7:40 到单位(上班时间为 8:30)，边放下包边开启电脑。等待电脑开机的这段时间，拿起抹布和拖把，简单地擦一下办公桌和地面，然后打开窗户。

8:00 回到电脑前，查看电子邮箱，然后查看今天的备忘录及日程安排表。

8:20 到一楼收发室，取回报纸和信件并分好。

8:40 接到第一个电话，是工程部的李工程师打来的，告之 10 点有个客人要来，要求转告客人稍等，他要在 10:30 才会回到公司。

8:45 工程部的刘工程师来领纸，申请单缺部门经理的签名，让他去补签。他说经理不在，现在急需要打印图纸。我让他找行政部李经理，也就是我的上司。5分钟之后，刘工程师签好了字，我发了5包纸。

9:10 分发完信件和包裹，第二个电话响了，是公司陈副总的电话，要求行政部安排一辆车去南山。

9:15 填好派车单，请上司签字，然后交给司机，并告诉陈副总出车的车牌号与司机的姓名。办完事后又回办公室写本部门的工作总结。

10:15 终于写完总结初稿。这时上司打来电话，要我拿材料去复印，然后寄给合作公司，原件交给办公室吕姐归档。

11:00 将总结初稿交给上司，请他审核。上司修改了几个地方，要求做好汇报 PPT。

12:00 做好总结汇报 PPT。

12:15 去食堂吃自助午餐。

12:30 回到办公室休息，打开电脑，进入美国 MSNBC 网站，收听网站英语视频新闻。

13:30 开始下午的工作，接听了两个电话，第一个询问公司产品，第二个询问新产品发布时间，我将电话转给了相关部门。

14:00 上司来到办公室，要求我送一份合同到本韵公司，因为销售部助理休假，他们现在抽不出人。打电话给销售部询问了送合同的一些具体事项。

14:05 从公司出发前往本韵公司。

16:00 返回公司。

16:30 安排明天的工作，填写工作日程表。

17:00 下班回家。

办公室絮语：办公室的工作就是这样，常常要从早忙到晚，由于每天处理的事情大部分是日常工作的杂事，心中常会感到“毫无成就感”。如果你将来从事这项工作，需要你有一颗热爱之心。

任务一　了解办公室事务内容

一、　任务描述

周嘉玲毕业于某大学信息专业，她上周来东莞富临食品公司应聘网络管理职位。被录用后，人事部门考虑到行政部缺一个前台文员，于是把周嘉玲安排到行政部做前台文员。周嘉玲听到这个安排后十分失落，认为自己一个 IT 才女，去做一个前台“花瓶”,实在是太浪费了。但苦于目前找工作不易,她还是接受了这个安排。上班第一天,她来到办公室,领导没给她安排具体工作,上司刘主任只告诉她先熟悉熟悉情况。为了打发“无聊”的时间,她加入了秘书助理的QQ群,与同行分享工作感受。在群中,她认识了一位网名“海月星辰”的网友,她们聊得投缘。为了帮助周嘉玲摆脱每天的负面情绪,她给周嘉玲发来一天的工作记录(表1-1)。

表1-1 “海月星辰”的工作记录

8:40 到公司楼下取报纸、信件。
8:45 到公司,打开门窗(通风)。
8:50 打扫卫生,包括老总办公室、个人办公室。
9:05 清洗茶具。
9:10 老总到公司(老总是潮州人),替老总煮开水(泡功夫茶)。
9:18 修剪盆栽,浇水。
9:20 信件分类,放好新报纸,清理旧报纸。
9:30 开电脑,建合同。
9:35 录入新客户的通信信息。
9:30 老总外出。
9:40 给客户发传真(合同)。
9:42 接听并记录电话(找老总)。
10:20 到银行查账。
10:30 返回(银行就在楼下)。
10:39 接听并记录电话(找老总)。
11:15 接听并记录电话(找老总)。
11:20 接收传真。
11:22 老总回来。
11:23 煮开水泡茶。
11:25 汇报来电给老总。
11:30 喝茶,聊天。
11:32 接收传真。
11:40 老总下班。
11:45 接电话。
12:00 下班。
12:00—14:30 午休中。
14:30 上班。
14:45 开电脑。
15:00 老总上班。
15:01 倒水给老总。
15:37 接收传真。
15:40 打电话到分公司核对数据。
16:30 发传真给客户。
16:35 修剪盆栽。
17:15 清洗茶具。
17:20 倒垃圾。
17:25 收拾桌面,关电脑,检查各种电源是否关好,关好窗户。
17:30 锁门,下班。

二、理论知识

(一)办公室的含义

在日常交流中,经常会提及"办公室",如"办公室人员""在办公室工作""由办公室负责"等,由于使用场合不同,其具体含义也不完全相同。通常情况下,办公室主要有下列几种含义:

(1)指办公的场所。泛指人们工作办公的场所,它是以"白领"为典型代表的非体力劳动者从事工作的主要场所。这种场所通常具有处理与工作有关的各种事务的功能,配备有办公家具、文件柜、书写文印设备、联络通信设备等。

(2)指各级政府部门及企事业单位下辖的主管某一专项工作的行政机构。在国家机关和企事业单位中,出于集中开展某些专门工作的考虑,会设置专门办公室负责专项工作。例如,"浙江省人民政府法制办公室"就是为省政府负责法制工作的直属机构。

(3)指各类机关、团体、企事业单位中协助领导处理本单位日常工作、为领导及整个组织提供辅助性或支持性工作的专门机构,如"某公司行政办公室""中共中央办公厅"等。

本教材所指的办公室即为第三种含义。

(二)办公室的地位与作用

1.地位

基本上每个单位都会设有办公室和负责办公室工作的人员,可见办公室对于一个单位来说非常重要。其地位表现为以下几方面:

(1)中心地位

办公室的中心地位主要体现在它常常要代表领导处理全局性的问题,起着指挥、控制整个机关运作的作用。另外,办公室又是一个单位的信息网络中心,是各种信息的交汇点和集散地。上司作出决策时,多由办公室汇集各类信息,然后提交给上司,上司根据这些信息作出正确的决策。从这一点来看,办公室在公司架构中处于中心地位。

(2)枢纽地位

办公室在一个机关中是沟通上下、协调左右、联系各方、保证机关工作正常运转的枢纽。从其在单位的序列来看,它介于管理层与执行层之间,起着直接协助领导工作的作用。

(3)窗口地位

办公室是一个单位或领导机关的总进出口。对于上下级和其他兄弟单位来说,是信息网络中心,处于联络站的地位,是联络上下左右、沟通四面八方的“窗口”。

面对飞速发展的客观形势,要及时对重大问题作出正确、科学的决策,这不仅要求高层管理者有合理的知识结构和精心规划与决策的能力,而且还需要一批政策水平高、熟悉情况、头脑清醒、思维敏捷、精于谋划的部门来服务于领导的决策,这个部门就是办公室。

2.作用

由于办公室在单位管理过程中处于重要的地位,它发挥的作用也有别于其他部门。办公室的作用主要体现在:

(1)参谋作用和辅助作用

作为领导工作的参谋部门,办公室应做好调查研究工作,在领导决策之前为领导搜集决策所需的信息,为决策提供依据;在办文工作中,提出拟办意见供领导参考;组织会议时,对会议的议程、开法、解决的主要问题及如何贯彻实施等提出建议和意见,供领导参考。

作为领导工作的辅助部门,办公室应协助领导承办好各项事务;协助领导做好协调工作;协助领导做好各种决策的布置和督促检查工作。

(2)服务作用和耳目作用

服务作用,指办公室承担着为同级部门和下级各单位服务的职责。其主要体现在协助领导处理日常事务,为领导提供决策依据,以及完成领导交办的任务等,同时为本单位同级部门服务。

耳目作用,指办公室在机关或单位的领导工作中具有了解情况、掌握情况、报告情况的职责。换句话说,就是要掌握信息、传递信息,并及时进行信息反馈。因此,也可称为信息反馈作用。

(三)办公室事务内容

办公室工作的具体内容是由办公室职能决定的,办公室不同工作内容也不尽相同,作为行政办公室,至少应包含下列工作内容:

(1)信息工作

综合负责本单位信息的搜集、整理、保管、传递等工作。例如:向上级主管单位报送重要政务信息;广泛搜集、整理有关本单位各项活动的信息,反映情况,编印《信息简报》《工作信息》等,完成数据统计、调查研究等专项信息搜集工作,为领导决策服务;负责本单位网站的建设与维护;负责本单位的信息化建设等。

(2)文电办理

协助领导组织起草或审核以本单位名义发布的各种文电;负责外单位来文、来信的登记、拟办、转送、催办及归档等工作;负责本单位内部向领导部门报送的请示、报告等的登记、审核、呈送、批办工作并检查办理情况;负责机要文件管理等。

(3)档案管理工作

组织在各种社会活动中会产生很多公文、图纸、照片、录音录像及其他材料,需要经过筛选、整理作为档案保存下来。

(4)辅佐决策工作

为领导决策做好基础性工作。

(5)督办工作

对承办单位和承办人执行任务情况进行督促检查,确保工作按期办理完成。

(6)协调工作

协助领导协调组织内外各有关单位及部门之间的工作及工作关系,减少和解决矛盾冲突,使各部门之间能统一意志、统一行动、相互支持、紧密配合地实现组织的目标。

(7)重要会议及活动的组织安排工作

协助领导对本单位的重要会议(如领导办公会、高层管理人员的工作会议等)进行组织安排,对会议的筹备、召开及善后工作提供全面服务。

(8)建立健全制度规定

办公室要协助领导建立健全本单位内部各方面工作的制度、办法及规定。

(9)印信管理工作

负责掌握本单位公章及领导印章的使用,并负责开具对外行政介绍信。

(10)保密工作

协助领导制订有关保密工作的制度及措施,做好人员方面的安排,防止各种秘密外泄。

(11)接待工作

负责上级单位及其他有关单位的来访接待工作,做好迎送、食宿、交通及活动组织等工作。

(12)办公设备管理工作

主要管理办公室传真机、复印机、打印机、扫描仪、光盘记录设备、远程通信设备等各种现代化办公设备。

(13)后勤工作

为组织的活动和运转提供物资和环境保障,负责本单位的房产及车辆管理、基建管理、食堂宿舍管理、环境卫生管理、消防治安管理、设备物资管理、值班管理及其他后勤保障工作。

(14)领导交办的其他工作

负责领导和管理机构临时交派的工作,以及对各种突发性事件进行处理等。相对于日常程序性工作而言,这些工作的出现没有明显的规律,也没有规范的操作规程,但是同样需要认真处理。

办公室日常事务主要包括办公室环境管理、电话接转、邮件转发、文件传阅、接待来访宾客、受命督察工作、安排值班工作、搜集信息工作等。

(四)办公室事务特点

办公室事务具有以下特点:

1.服务性

从办公室工作涉及的对象来看,办公室工作不仅服务于领导,而且服务于单位全体人员。从它的服务内容来看,它不仅包括管理服务、信息服务,也包括生活服务与事务服务。因此,在处理办公室事务时,要求工作人员要有服务意识,做到细化服务,提高效率,杜绝“为他人作嫁衣”的思想,端正工作态度。

2.分散性

办公室事务的分散性表现在两个方面:一是事务有办公室内部的,也有办公室外部的,处理时难以集中统一。比如内部的邮件收发、车辆管理、办公用品的发放、年检办理,这些事都很分散。二是工作人员分散。办公室在很多时候处理事务需要多个部门协助才能完成,而协助的这些部门流动性较强,给事务处理带来一定的困难。

3.繁杂性

办公室事务涉及上下、左右、内外各个方面,千头万绪。办公室作为单位的枢纽,有时事情会突然像潮水般涌来,如果没有高效的事务处理与管理能力,很难胜任这些工作。

4.综合性

办公室事务的综合性主要表现在工作内容涉及单位的所有部门,是这些部门间的信息传递与沟通的桥梁。另外,在处理办公室事务时,必须对各方面情况进行综合分析,统筹处理。

5.政策性

办公室事务如文件处理、业务办理、问题答复,都要根据单位制定的政策来办理,不能随意处理。一些政策性很强的事务,在处理时稍有不慎,就可能造成重大损失,给办公室甚至全局带来不可挽回的影响。

三、实训

(一)实训任务

阅读“任务描述”和网上相关资料,归纳办公室事务内容和特点。

(二)实训目的

能明确办公室事务的具体内容。

对从事办公室工作有心理准备。

(三)实训成果

提供一份“海月星辰”办公室工作内容表,归纳出她的工作特点。

(四)实训指导

(1)了解“海月星辰”的身份,然后列出其工作内容,删除私人事务。

(2)对职责内的工作内容进行排列,确定哪些是阶段性任务,哪些属于日常事务,然后用表格的形式列出来。

(3)根据她工作的内容、涉及对象及要求归纳出她的工作特点。

四、相关链接

(一)办公室的类型

在我国,办公室大体上分为综合型办公室、庞杂型办公室、单一秘书型办公室。

1.综合型办公室

一般下设四个内部机构:秘书科、信访科、行政科、机关管理科。秘书科,负责文书处理和运转、调查研究、会务工作;信访科,负责办理来信来访;行政科,负责汽车调度、办公楼管理等内部事务;机关管理科,负责整个政府机关工作人员的生活管理、文化娱乐等事项,并负责整个政府机关的对外收发工作。

2.庞杂型办公室

其职能涵盖多个业务职能机构。除设有秘书、机要、信访、文印、行政、档案五科一室外,还包括人事科和政法、文教、工业、商业、工商物价、财政金融、交通运输七组,它们除了参与政务、管理事务、为领导服务以外,还保留了作为职能机构的工作职责,超越了办公部门的工作活动范围。

另外,办公室还可按机关、单位性质的不同,分为党的机关办公室、政府机关办公室、军事机关办公室、社会团体办公室、企业单位办公室和事业单位办公室等。

3.单一秘书型办公室

办公室的人员组成与分配:办公室主任一人,负责全面工作;秘书(或文员)若干人,负责文件收发和文印、核稿和送签、调查和综合、咨询和辅助决策、来信来访等工作。

(二)国际秘书协会确定的秘书工作内容

(1)以速记记下上司交代的事项。

(2)执行上司在录音留言中交办的事项。

(3)档案管理。

(4)阅读并分类信件。

(5)以电话往来维持和外界的良好公共关系。

(6)替上司定约会并作好记录。

(7)按上司口头或书面指示完成信函。

(8)在权限内按自己的意思发出信函。

(9)接待来访宾客。

(10)替上司接洽外界人士。

(11)自动处理例行的事务。

(12)为上司安排旅行或考察。

(13)替公司宾客订饭店、机票等。

(14)准备好公司要公开的资料。

(15)替上司搜集演讲或报告资料。

(16)协助上司准备书面的财务报告、研究报告。

(17)整理并组织好粗略的资料。

(18)替上司保管私人的、财务的或其他记录。

(19)协助上司申报所得税及办理退税。

(20)督导一般职员或速记员。

(21)安排会议事务,并作会议记录或纲要。

(22)复印资料。

(三)职业箴言

"办公室工作上管天,下管地,中间还要管空气。"

解读:这句话说的是办公室连天上的天气、地上的交通状况、办公室的空气情况都要掌握。借此来表达办公室工作的繁杂。作为处于单位中心和枢纽的办公室工作人员,除了服务领导,还需要接待各种人员、处理各种事务、搜集和传递大量信息,很多日常琐碎的事情都是办公室的工作内容。

五、拓展训练

以下为某公司办公室人员自述记录:

8:30到办公室上班。本来要求8:00到,但我一般是8:30到,而且算是比较早的了。以前刚上班还扫一下地,现在老油条了,也就不扫了。

8:30—9:00去拿报纸、上厕所,再给自己泡杯茶,总共大概30分钟完成,算比较有效率的了。

9:00—9:30从办公室下楼去吃早餐。一般去吃猪脚粉,有时候换换口味吃桂林米粉、螺蛳粉、牛腩粉。

9:30 回办公室看看领导有什么任务安排，领导一般也在这个时候到单位（领导一般比较忙，睡得比较晚，所以早上来得也比较晚）。顺便给领导准备好开水泡茶，准备好各类报刊。

9:30—10:00 基本完成领导安排的工作，领会领导的意图。

10:00—10:30 看报纸，特别是《北海日报》，看看有什么重大新闻、小道消息，再看《羊城晚报》。

10:30—11:00 打打电话，聊聊天。

11:00—11:30 看看领导还有安排没有。如果领导不在，就到楼下的科室看看，顺便溜回家。

问题：阅读案例，说说这位办公室工作人员哪些方面做得对，哪些方面做得不对。

任务二　办公室人员职责

一、任务描述

周嘉玲通过阅读相关书籍、与网友交流，对办公室的工作内容与特点有了初步的认识，由于她开始是应聘网络管理员职位，对前台文员及办公室文员的工作职责没有任何概念。网友“海月星辰”将自己的工作职责发给了她：负责综合部日常事务性工作；负责中心各种文稿的打印、发送；负责中心文件材料的领取；办理各类文件的收发、登记、阅签、清退、整理、归档、保密工作；受理投诉和来访接待、收发传真、考勤登记、接听电话等工作。同时“海月星辰”也告诉她，这只是他（或她）个人的工作职责，不能代表办公室人员的职责，要对办公室人员的职责有全面的掌握，可以通过搜集各大公司办公室文员或经理的招聘启事来了解。周嘉玲当机立断，就从一份晚报上搜来一份招聘启事：

招聘岗位：行政秘书 1 人。

招聘单位：某电器有限公司。

招聘条件及要求：

(1)具有全日制普通高校英语专业硕士及以上学历。

(2)具有较强的独立工作能力、英语表达能力和人际沟通能力，掌握基本的外事活动规则。

(3)具有较强的工作责任心和主动性，工作思路清晰。

(4)工作作风踏实、勤勉，有耐心，具有良好的敬业精神和团队合作精神。

(5)有较好的文字功底及计算机应用能力。

(6)有外事活动经历人员优先考虑。

二、理论知识

(一)办公室管理人员职责

办公室管理人员大致分为两类：

一类是办公室主任(或称办公室经理)、行政经理、行政总监，负责整个行政办公工作的管理；

一类是办公室下设部门负责人，如科长、股长、组长、主管，负责分管某一方面的工作，如文书、通信、信息、文字处理等。

办公室管理人员的主要职责有以下两个方面：

1.对下属人员及其工作的管理

根据工作内容安排工作岗位，并提出合适的任职条件；制订科学的工作流程，并关注其实际运行；分配工作，并规定完成工作的标准；监督并指导下属员工的工作；对下属员工安排必要的培训，以提高其工作技能；制订纪律及规章，规范员工的行为；对内部工作及人员进行协调，解决出现的矛盾或冲突；及时向下属员工传达领导部门的领导意图，使之认同组织的目标；经常与下属员工进行沟通，了解其在工作中遇到的困难和需要的支持；对下属员工的表现进行评估；对所有下属员工的领导和激励。

2.与管理机构及领导者的配合

办公室人员的配合工作主要有：透彻了解组织的目标，制订切实可行的办公室工作目标；及时了解组织的动向及各时期的工作重点，调整办公室工作重心并与之相配合；了解组织的职能分工、机构设置及重要岗位安排，理顺工作关系；对重要领导人的工作有全面了解，以便在必要的时候全力支持；与管理机构及领导者保持良好的沟通；及时了解组织内的各种事务需求并提供优质服务。

办公室管理人员为了完成自己的职责，应具备下列能力：团队协作能力；解决问题的能力；领导管理能力；沟通能力；在职责范围内作出决定、处理问题的能力；适应能力。另外，忠诚、守信和保守秘密等是办公室管理人员必备的职业道德，同时还要熟练掌握各种办公技巧和知识。

(二)办公室助理与文员的职责

1.办公室助理

办公室助理主要有行政助理、经理助理及各种专门助理。行政助理的工作类似行政秘书，但更主要的是在行政工作方面给整个组织或团队以支持；经理助理、总裁助理、局长助理之类的工作是对某个特定的高层管理者提供行政辅助支持；专门助理是指具有某种专业特长、在某个专门领域或部门工作的助理,如人事助理、市场助理等。

助理的职责主要有:起草文件和常规性报告;为领导的报告准备图表、幻灯片及讲稿;进行组织内外的联络;为某项决策搜集各种资料并进行研究;为领导安排商务旅行并作好相关准备和计划;安排领导工作日程;协调各种关系;对办公室人员进行监督和培训;安排会议,进行会议管理。

2.办公室文员

办公室文员是指在办公室中没有管理职务或其他专门职务名称的一般员工,在机关、事业单位往往被称为办事员、科员等。在办公室中,他们最常见的工作主要有打字、速记、复印、接待、接听电话、文件存档、数据录入、电脑操作、各种办公设备操作、传递信息、装订文件等。同时他们可能还要根据需要承担起更多的例行事务工作。

三、实训

(一)实训任务

分析五则某行业办公室人员的招聘信息,归纳办公室不同人员的职责。

(二)实训目的

能清楚表述办公室文员职责与能力要求。

了解办公室助理和办公室主任的职责。

(三)实训成果

提交办公室人员招聘启事职责列表。

(四)实训指导

(1)小组先从网上搜索10个以上办公室人员的招聘启事。

(2)小组将招聘启事职责说明汇总后,按办公室不同层级对工作职责分类,如办公室前台的工作职责、办公室文员的工作职责、办公室助理的工作职责和办公室主任的工作职责。

(3)从不同单位性质分析相同岗位的职责的差异。作这种分析性,需要通过网络、杂志等了解该公司管理层组成的相关信息。

(4)分析时还可以将搜集的办公室工作职责从日常工作职责、专项工作职责、管理工作职责等方面作划分,了解每个类型工作职责的不同之处。

四、相关链接

(一)案例一

任小冉是刚刚毕业的大学生,毕业后就进入了某精细化工有限公司工作,担任人事部的秘书。任小冉是大学的优秀毕业生,性格不浮躁,做事非常认真仔细,对于上级领导交代的任务总是一丝不苟地完成。这一天,任小冉来到办公室,依旧按照往常那样,先打扫办公室的卫生,给花、树浇水,然后把所有的设备检查一遍,发现打印机居然卡纸了,于是打电话让维修部的人过来看看。不久,办公室宋主任叫任小冉打印一份文件,任小冉说打印机坏了,办公室经理赵经理表示这份文件很急,等会儿开会就要用。恰好这时维修部的人过来了,不一会儿就把打印机修好了。任小冉提早检查并且主动保修的行为得到了赵经理的赞赏。赵经理下午便将任小冉叫到办公室,让任小冉参与一个正在开发的项目,任小冉因此得到了一个展示自我的机会。

点评:从这个案例中,我们可以看到任小冉一直都在办公室担任"打杂"的角色,但因为她遵守办公室职责,最后得到了赵经理的认可。

(二)案例

湖北某公司办公室人员职责

协助领导处理行政方面的日常工作和指定的其他工作。凡事及时向领导汇报,不断改进工作方法,掌握"中心"工作进行情况,提出问题和建议供领导参考,当好领导参谋。

负责打字、影印工作;按照领导意图起草除有关招投标、简报等以外的文件、报告、通知、规章制度。

负责"中心"的文件、信函、通知等的收发、登记、呈批、分发、转运和催办。负责外来单位和下属工作、业务上的电话登记记录。做到文件处理缜密妥善,电话记录周详,上传下达准确及时。

负责接待除工程招投标范畴以外的有关来访客人,做到热情、礼貌。

负责"中心"内部会务组织、记录工作,做到安排合理、及时、无差错,记录周详。

负责"中心"的物业管理,做好设备的购置、验收、统计及保管工作,负责"中心"房租、水电、电话及其费用的管理,经常检查房屋、水电系统等情况,发现问题及时汇报。

负责办公用品、低值易耗品的计划编制、采购、验收、保管、发放工作,做到降低支出,杜绝浪费。

负责组织工作人员参加各种形式的讨论、学习、培训,提高职工的综合素质。

负责文秘、档案的管理工作。各类、各级文件文书,工程档案的分类、编号、组卷、保管以及办理借阅手续等。

负责“中心”的人事管理、工资管理以及工作人员的福利待遇。正确掌握劳动、工资、人事三方面的有关规定，严格按有关文件办理有关事宜。

保管和按规定使用“中心”印信。

负责内务管理、场内保安工作，保证场内卫生安全，防火防盗。

负责财务室工作（制度和职责另详）。

五、拓展训练

宏达公司是今年1月成立的一家经营环保材料的小型公司，现有员工22人。公司设有营销部、财务部、行政办公室。目前行政办公室有两人，现在公司要求小江负责行政办公室工作。经理是一个十分强调制度建设的人，他认为，虽然现在办公室只有两人，但还是要把制度建立起来。于是他要求小江在下周前把办公室职责制订出来。

问题：请你代小江拟写办公室人员工作职责。

办公室工作的职能与特点

露宝的故事

微课

办公室文员的职责

项目二
熟悉办公的环境

前面的话

办公室人员每天至少有 8 个小时待在办公室，办公室环境的好坏直接影响身体健康。另外，办公室还是一个“窗口”单位，办公室环境影响单位的形象，因此管理办公室环境是办公室人员的重要工作之一。通过学习本项目，你将对办公室环境管理有一个清晰的认知，并具备管理环境的能力与素质。学习本项目需要的前置知识是环境方面的常识。

在任务一中，你将了解如何来管理你的办公桌，如何使办公桌更整洁，同时你将学会办公室公共区域环境管理。目的是让你能管理你面前的“一亩三分地”，并优化公共区域的环境。在任务二中，你将了解办公室有可能存在的安全隐患，知道如何做好登记，并做初步的改正。目的是让你能够检查出办公室存在的安全隐患，并准备上报。

项目关键词

⊙ 办公室环境概念　　⊙ 办公室环境管理的原则

⊙ 办公桌和办公区的布置与清洁　　⊙ 办公室安全隐患的检查与排除

职场导例

叶雨是某公司的前台工作人员，兼做行政办公室其他事务。由于前段时间有一个办公室文员离职，她的工作就更加繁忙，除了完成前台的工作外，行政办公室的大部分工作也得由她来完成。前段时间，公司要去参加一个全国性的产品展销会，公司把前期的准备工作交给了公司行政办公室来完成。而这其中的大部分工作，如订展位，出宣传说明书、产品海报、公司宣传视频，以及订酒店、飞机票，样品托运等又落在了叶雨身上。叶雨这段时间真是忙得天昏地暗，好在事情在昨天已经结束。今天叶雨还是像往常一样来到办公室，但一打量办公室，窗台上积了一层灰尘，绿色植物也无精打采，花盆周边挂满了枯叶，文件柜中的文件盒东倒西歪，茶水柜上茶叶渍清晰可见，茶几上堆放了大量海报的样稿，沙发上也放着十多天的报纸，办公桌上文具、纸张、个人物品、资料已占据整个桌面。叶雨正想从哪里下手整理时，质检部的文员小田来到行政办公室领文具，一进门就说："这是什么味道啊？这么难闻。"叶雨给小田领完文具后，打开窗户，让外面清新的空气进来，她查看了湿度计，今天的相对湿度80%以上，她开启了除湿机，接下来她开始整理桌面、沙发、茶几和文件柜，去掉绿色植物的枯叶，接着她打来水开始清洁办公室家具、窗台，可是在用水清洁电脑时，水进入了键盘，导致键盘一时无法使用。不过经过她一个多小时的努力，整个办公室焕然一新。同时她发现复印机的电源插头有点松动。于是她准备理顺一下，发现一拉全断了，自己差点触电。

办公室絮语：办公室人员常常会因为工作忙，而忽视办公室环境的管理，有时还认为办公室本来工作繁杂，乱点没有关系。其实杂乱的办公环境不仅影响单位的形象，而且也影响办公室人员的工作效率，甚至还会影响个人的身体健康。

任务一　办公室环境的维护与优化

一、任务描述

公司也觉得让一个IT才女做前台确实有点"浪费"，于是公司除了让周嘉玲做前台的工作外，还让她负责公司网站资料的更新与维护，也算是发挥了她的专业特长。第二天，公司在行政办公室给周嘉玲安排了一个座位。周嘉玲的座位在办公室靠近门的位置，桌子是公司常用的那种卡座，她的办公桌右边靠墙立着一两个文件柜，文件柜顶层放了一台过塑机和大型装订机，在走道卡座的前面是茶水柜和复印机，茶水柜放了几个水杯和茶叶罐。周嘉玲现在这个位子是已经离职的那个员工使用的。桌面很零乱，杂乱地摆放着台式电脑、电话机、文件夹、笔筒、签字笔、装订机、电话本、客户资料册、水杯、包装袋、剪刀、铅笔。桌子抽屉也塞满了胶水、透明胶、双面胶、化妆盒、防晒霜等物品。周嘉玲现在感到办公室环境还不如她在前台的环境。

二、理论知识

（一）办公室环境概念

办公室环境是指相对于户外，而为实现某项功能，由办公场所、办公设备、办公人员等各种要素的综合。它包括办公室自然环境与办公室人际环境。

办公室自然环境又包括空间环境、视觉环境和空气环境。空间环境指办公室空间的大小、家具的布置以及办公室建筑位置等。视觉环境是指办公室整体色调、办公室光线等。空气环境是指办公室温度、湿度、空气流通等。

办公室人际环境是指办公室人员在人际交往过程中形成的各种关系的综合。办公室人际环境包括本办公室人员之间在人际交往过程中所形成的环境，也包括办公室人员与其他部门人员以及上司交往过程中所形成的环境。

本项目中的办公室环境特指办公室自然环境。

（二）办公室环境优化的原则与要求

办公室环境优化的原则：

1.方便工作原则

办公室的布置应力求方便工作与交流，如将相关部门与设备安排在相邻的位置，避免办公人员不必要的奔波与迂回。

2.和谐简洁原则

办公室物品尽量不要堆得太多，办公桌和办公设备应摆放整齐，色调和谐统一，光线充足而不刺眼。让人从整体视觉效果上感到和谐、简洁。

3.适度独立原则

如果上司与下属在同一个办公室办公，设计办公室时，应将上司与其他员工的座位适度隔开，这样可以避免上司把宝贵的时间用在不必要的人事接待上。但同时不能隔得太远，要便于秘书请示与汇报。员工之间也要保持相对独立的空间，以避免有些机密信息被泄密。

办公室环境优化的要求：

1.办公室家具与设备布置

办公室家具与设备布置应根据办公室大小和结构来布置。一般来说，办公家具与设备尽量利用墙边、墙角的位置，中间留出较多空间用于行走。员工之间的办公桌不要面对面摆放，避免两人视线相对影响思考。常用设备的摆放还要坚持方便原则。

2.照明

办公室采光可以通过两个途径：一是自然采光，二是照明光。一般来说，尽可能采用自然光线，这样有利于环保。当然，自然采光也要注意避免光线过强或光线直照人双目。如遇这种情况可以用窗帘或百叶窗来调节光线。采用照明光线，要避免光线过暗，使办公室阴沉沉的；也不要让照明光线太亮，太亮的照明光线容易产生眼疲劳。

3.隔音

嘈杂的声音能让人心烦意乱，影响工作效率。办公室的噪声来源主要有两个：一是来自室外，如过往车辆的声音、附近工厂作业的杂音、邻近办公室作业的声音等；二是来自室内使用办公室设备产生的声音，如使用复印机、打印机的声音以及用电的交流声。保护办公室安静环境时，对于来自外界的声音，可以装双窗或隔音板来隔音；对于来自办公室内部的噪声，可以通过加强设备的维护与更新来实现。

4.色彩

办公室色彩的选择要与公司文化相适应，但同时也必须考虑色彩对人的心理和生理的影响。总体而言，色彩的搭配要让人产生舒服和愉快的感觉。现在大多数办公室天花板是白色的，那么墙壁和家具应采用与之色调相适应的冷色调为好。此外，办公设备颜色也最好与之相协调。

5.空气

现在的办公室大多安装了空调。使用空调时，要注意下面三个方面：第一，不要让空调风口对着人吹；第二，在室内放置温度计和湿度计，随时根据测试数据进行调节；第三，不能整天使用空调，在一定时间内应打开窗户换气。

有研究表明，气味对人的心理影响也很大，沁人心脾的芳香有利于舒缓人的紧张情绪，消除心理压力，提高思维力和记忆力；而异味则会让人情绪烦乱，产生疲惫感。因此办公室可以放置一份薰香，以增加人的愉快心情。对于办公室的异味，可以通过通风、使用活性炭或空气净化器等方法来去除。

6.绿化

办公室绿化对于改善办公室环境，提高工作效率大有裨益。但绿化也要根据办公室空间来设计，如办公室较大，可以摆放大的绿色植物；办公室较小，则最好选用盆景。同时，选择绿色植物要考虑办公室色调、植物对人的健康的影响。

(三) 办公室的整理

1.本人办公桌的整理

(1)办公桌桌面力求简洁。一般说来，桌面主要放置电脑显示器、电话机、文件夹、文具用品盒、常用参考书等，切记不放个人非办公用品，如化妆盒等。办公用的零散物品如各种笔、胶水、剪刀、回形针等应分门别类放在文具用品盒中。文件夹应装在文件盒中，并在盒上贴上标签。

(2)办公桌抽屉物品要井然有序。办公桌抽屉物品要摆放整齐，东西不要放得太满，不要将胶质物与文件等放在一起，避免两者粘在一起。办公桌抽屉最好有一个能加锁，以便放些要求保密的东西。

(3)个人办公用具如电话、电脑显示器、手机、充电器等的放置有讲究。电话机应放置在左边，这样方便使用时作通话记录。电脑显示器应放置在鼻子与键盘中线的中轴线上，略低于视线，如图 2-1 所示。手机最好放在手包里，不要放在办公桌上或挂在胸前。

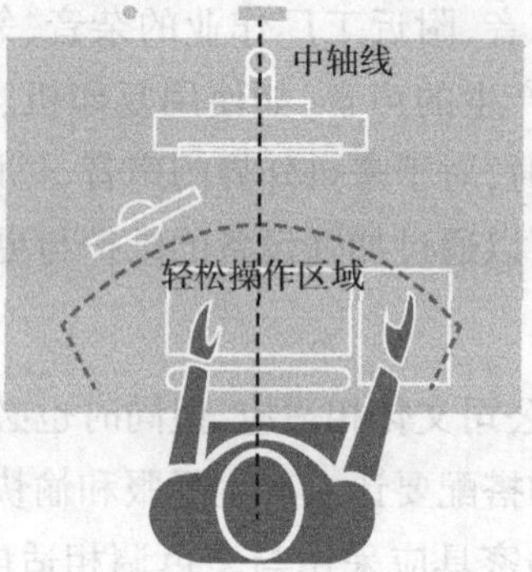

图 2-1 显示器放置位置示意图

2.公用区域物品的整理

(1)办公室文件柜整理

主要是将文件分门别类摆放,并贴上标志。如果在整理文件时发现有保密文件,应放在保险柜中,以防泄密。

(2)物品柜整理

除了要做到整齐外,还要注意安全。一般大的、重的物品应放在最下面一层,化学液体、墨水、油墨等也应放在底层。较小物品集中装在盒子里,然后放在中间几层,并贴上标志。轻的、不常用的物品可以放在顶层。

(3)现代办公设备的整理

现代办公设备接线较多,如电脑、打印机、复印机、传真机、碎纸机等都有接线。如果不注意整理,"蜘蛛网"式的接线,不仅使办公室显得零乱,而且也带来安全隐患。为了让设备接线整齐,可以将相关设备存放在同一区域,或选用一体化设备。

(4)其他物品的整理

现在的办公室除了现代办公设备外,还有传统办公室物品,如书报架、废纸篓、沙发、茶杯等。这些物品要注意及时整理,保证不积灰尘。

3.上司办公室的整理

上司办公室的整理应在上司上班前完成。

主要工作包括:开窗换气,调好空调的温度;给植物浇水,清除残叶;整理桌面,检查办公用品;准备好茶水;做好清洁卫生。

三、实训

(一)实训任务

办公室桌面布置与安全隐患的检查。

(二)实训目的

能按办公要求整理办公室。
能维护办公室环境。

(三)实训成果

小组提供一张办公桌布置后的照片。

(四)实训指导

(1)以小组为单位,在实训前准备办公设备、办公用具和私人用品,最好在实训室里进行。

(2)先将物品进行分类,区分哪些是使用频率高的,哪些是使用频率低的,哪些是工作必需品,哪些是私人物品。

(3)留出空余地方。秘书人员经常有许多文件要同时处理,因此桌面必须要留有较大空间。一般来说,桌面空余面积应至少够两张 A3 纸并排摊开所占的面积。

(4)常用办公用品的摆放首先考虑使用的便利性,一般放在人坐在座位上伸手可及的位置,使用频率不高的物品可以不放在桌面,或放在常用物品的后面。

(5)电话机摆放在左手位置,以便更好地作通话记录。

(6)私人的非办公用品不可放在办公室桌上,比如茶杯,可以放在办公室茶水柜上;护肤品、背包等个人用品可以放在抽屉中。

(7)小的、零散的物品最好使用收纳盒,胶水等有黏性的物品最好不要与纸张类物品摆放在一起。

(8)电脑的屏幕尽量背光,椅子位置高度要适当,保证自己坐着舒服。

四、 相关链接

(一)办公室布局方式

办公室布局主要有两种方式:一是开放式布局,二是封闭式布局。

开放式布局是指在既定建设空间的条件下利用办公桌、活动屏风、档案架、植物等设备或物品划分办公区域的一种布局。这种布局没有私人办公室,员工的座位按任务来确定,形式比较灵活。它的优点是可以降低建设成本,提高空间的利用率,在同等人数的情况下,占用面积最小。此外,这种布局有利于办公室重新布局和员工交流。但开放式布局也有不足的地方,如领导层没有了单独办公的机会,噪声大,不利于保密。

封闭式布局是指按照任务不同,设计若干独立的小房间,一个部门占用一间,一个或几个员工在其中上班,每个房间有独立的办公设备。这种布局的好处是利于保密,员工有自己的私人空间，易于集中注意力办公。它的不足之处在于非办公空间占用率较大，费用较高，不利于员工的交流以及领导对员工的监督。

（二）职业箴言

“办公室是办公室人员的第二个家。”

解读：这句话有两层意思，一是办公室人员超过1/3的时间待在办公室，甚至比在家里待的时间还要长，办公室俨然成了第二个家；二是因为在办公室待的时间较长，所以应像维护家庭环境一样维护办公室的环境。

（三）办公室布局

下面这间办公室共有面积152 m^2，采用封闭式布局。办公室分为两部分，主任室单独一间，另一间安排有5个办公人员。办公室布局如图2-2所示。

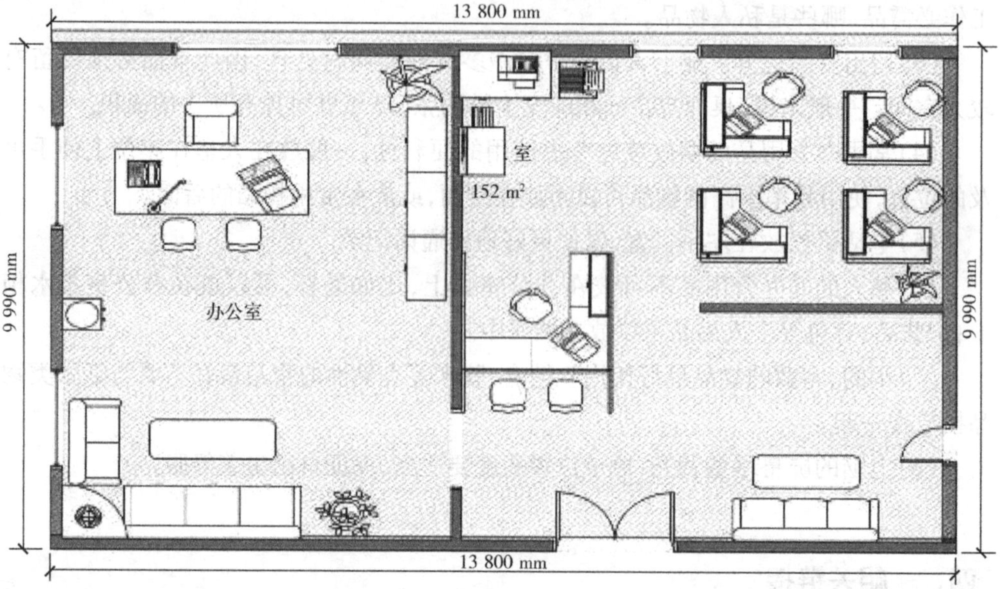

图2-2 办公室布局图

点评：领导与员工分开，可以保证领导办公不受干扰；前台设置在领导门口，可以起到挡驾作用。

五、拓展训练

办公室文员小赵一上班就打开办公室的窗户，然后整理办公桌和文件柜。等整理完毕，她发现饮水机没水了，于是赶紧将桶装水装上饮水机。由于水太重，小赵搬不起，导致水流得满地都是，她只好用拖布将地面擦干净。擦完地后，她坐下来打开电脑，准备于总明天的发言稿。由于窗外光线太强，小赵将电脑屏幕的亮度调得更高。可是过了不久，她感觉眼睛有点不舒服。当她准备休息一下时，电话响了。对方要找同事小李，可是小李今天请假没来。对方要求留言，小赵到抽屉中找留言纸，可是留言纸与胶带纸粘在一起，小赵只好让对方稍等一下。小赵作完记录后，主任要求她将一份文件复印后交给于总。小赵送文件时，发现于总办公室的烟灰缸里全是烟头，报纸没有整理。这时想起负责于总办公室整理的小李没来，于是小赵开始整理于总的办公室。整理完后，于总对小赵说，你的工作应更主动些。

问题：请你分析小赵在办公室环境维护上的优缺点。

任务二　办公室安全隐患的处理

一、任务描述

周嘉玲像往常一样很早来到办公室。她放下背包后，先打开办公室窗户，再开启复印机，然后整理办公桌、茶几和文件柜。等整理完毕，她发现有一个箱子放在走道中间，她赶紧去搬开，可是在搬的过程中，不慎将饮水机撞倒，导致水流得满地都是。她只好用拖把将地面擦干净。擦完地后，她坐下来打开电脑，准备人事变动的一份文件。由于窗外光线太强，她将电脑屏幕的亮度调得较高。可是过了不久，她感到眼睛有点不舒服。当她准备休息一下时，突然有烧焦的味道飘来，低头一看，热水壶底座正在冒烟，赶紧用手去拔，不小心被电了一下，好在没有生命危险。休息过后，她又开始准备人事变动文件，这时她的腰有点酸痛，她怀疑是椅子太高导致的，可是这种椅子是会议室专用的，无法调节高低。她只能起身到室外活动活动。下午刚上班不久，宋主任就问周嘉玲是否把人事变动的事告诉了其他人，目前公司都在传这件事。

问题：周嘉玲的办公室有哪些安全隐患？她处理得对吗？

二、理论知识

（一）办公室安全隐患的特点

办公室安全隐患主要包括两方面的内容：一是有碍健康的安全隐患，二是办公室信息安全隐患。前者是指办公室工作环境中所存在的对人体带来不利影响或伤害的各种因素，后者是指办公室的保密信息被盗、被损坏或被无意透露的各种因素。办公室安全隐患有两个特点：一是不易察觉性，二是作用的持续性。

（二）办公室安全隐患的类型

办公室安全隐患主要有办公室有碍健康的安全隐患和信息安全隐患。

1.有碍健康的安全隐患

(1)工作区环境存在隐患。如门窗、天花板、地、墙的破损,办公室光线、空气、温度、噪声等对人的影响,空间过小、地面打滑等。

(2)办公家具与设备隐患。如办公家具破损、有突出的棱角,办公家具摆放不当,办公家具中堆放东西太多太高,办公家具不符合人体力学,设备过期使用,设备接线松开、绝缘不好或拖线太长,办公设备电荷过大,消防设施失灵等。

(3)工作人员行为习惯隐患。如站在转椅上举放物品,乱扔烟头,没有关上的抽屉柜门挡道,离开办公室不锁门,下班回家不关电源等。

(4)办公室物品堆放的隐患。如重的或大的物品放在位置较高的地方,物品挡住消防通道,易燃物品放在电器旁边,大量废纸堆放在办公室内。

2.信息安全隐患

信息保管不严造成泄露的隐患、与人沟通时无意泄露信息的隐患和电脑中毒造成信息泄露的隐患。

(三)安全隐患的检查与处理

办公室人员应定期对办公室环境和办公设备进行检查。在检查过程中如果发现了安全隐患,属于自己职责范围内,自己又能处理的,应及时处理,以减少危险的发生;如果自己无法处理,应通知相关人员来处理并跟进,直到解决,然后将隐患处理结果填写在隐患处理记录表(表 2-1)中。

表 2-1　×××公司安全隐患检查记录表

检查时间　　年　月　日　　　　　　　　　　　检查人

序号	地点	发现的隐患	造成隐患的原因	隐患的后果	负责处理人	预处理意见	处理结果
1							
2							
3							

三、实训

(一)实训任务

找出办公室存在的安全隐患。

(二)实训目的

能辨识办公室安全隐患,并填写检查表。

能提出消除安全隐患的办法。

(三)实训成果

提交安全隐患检查处理表。

(四)实训指导

(1)了解办公室安全隐患种类,制作安全隐患记录表。

(2)找出安全隐患,填写记录表,然后写出处理方式。

(3)从办公室家具、电源线、物品放置等方面查找办公室安全隐患。

四、 相关链接

(一)职业箴言

“安全大于天。”

解读:“安全责任,重于泰山。”安全是生活和生产的基础,对于一个家庭来说,有了安全才有欢乐与幸福;对于一个公司来说,有了安全才有发展与兴旺。办公室也要注意安全,要将安全印在心中,时刻绷紧安全这根弦,让安全落到实处,从身边的小事抓起,把一切隐患消灭在有可能出现的萌芽之前。所以说安全大于天。

(二)案例

张敏刚来到公司,办公室朱主任就让她去取大型装订机。装订机放在文件柜的顶上,并且有点重,她让同事小李帮她。小李拖来转椅,准备站上去取装订机时,张敏赶忙制止,找来人字梯,然后才让小李上去取。下午,朱主任送来公司的20份重要的机密文件,告诉张敏只需要留下一份,其他的全部销毁。张敏取出一份,编完号登记后就放进了保险柜,然后扎起头发,打开碎纸机。她发现碎纸机离窗帘靠得特别近,只好关掉碎纸机的电源,将碎纸机搬到靠墙的位置,然后再开电源,取掉文件上的钉子后,将文件全部粉碎。下班前,张敏把所有电源全部关掉,又检查了门窗,然后锁门准备离开办公室。正要离开时,她看到一个穿黑色夹克的中年男子,神色慌张地从隔壁办公室快步走出。张敏发现,中年男子手中提着一个棕色挎包,与钟经理平时用的挎包一模一样。张敏警觉起来,马上打电话给钟经理,问他是否把包放在办公室。得到肯定答复后,她立马联系大堂的保安,让他们阻止这名黑夹克男离开。保安在电梯口截住了此人。后来在金经理的确认下,这名小偷被送到派出所。

点评：张敏对办公室安全十分重复，从取物用人字梯，到粉碎文件将头发扎起来，以及下班检查电源，都没有忘记安全。难能可贵的是，她对公司其他地方的安全也很注重，由于她的警觉，让同事避免了一次被盗事件。

五、 拓展训练

办公室文员小赵上班的第一天，公司总经理就找到她面谈，总经理并没有过多地给她说什么，只是将公司员工投诉小赵前任的意见书给她。意见书记录内容如下：

(1)办公室的一盏日光灯闪烁了一个星期没有报修，被一个重要客户看见，直言公司的管理不到位。

(2)办公室的空调温度一直都是16 ℃，并长期不开窗，使两个同事呼吸道感染。

(3)清洗复印机时，水流进机器里，复印机被烧坏，一些重要的资料无法复印。

(4)有一份保密的传真因没有及时取走，被人盗走。

(5)一个客户来办事，被办公室物品砸中头部，幸好伤势不重。

(6)办公室常常没人在时灯火长明。

(7)接待室常常没有水。

问题：请问小赵应如何避免再犯同样的错误？

办公室环境整理　　办公室安全隐患

第二编　办公室前台工作

DIERBIAN
BANGONGSHI QIANTAI GONGZUO

项目三
办公室邮件处理

前面的话

邮件处理是前台最常见的工作，也是一项非常重要的工作。 通过这个项目将会让你知道如何接收与发送邮件和快递，也会让你掌握电子邮件的处理。 学习这个项目时，如果你有一定的计算机基础，你将能轻松完成本项目。

在任务一中，你要掌握传统信件和快递处理程序以及处理信息的注意事项。 目的是让你能够高效、正确地处理单位大量的邮件，从而保证单位信息的畅通。 在任务二里，你要掌握电子邮箱的注册与设置，具备回复、转发、过滤邮件的能力。 目的是让你掌握通过电子邮件来处理各项办公事务的能力。

项目关键词

- ⊙ 邮件的接收
- ⊙ 邮件处理过程
- ⊙ 邮件的发送
- ⊙ 快递收寄
- ⊙ 电子邮件处理

职场导例

某市天利箱包制品公司,从去年开始在“天猫”开了网店,做起了电子商务的业务。“天利”牌箱包由于质量好、发货及时、服务到位,在网上销售不到半年,销售量就超过了实体店。现在公司每天会接到大量的咨询电话、QQ 留言与电子邮件。前台秘书王靖每天都要处理近 50 通电话,回复 70 多个 QQ 咨询、近 100 封电子邮件,发送 30 份快递。若遇到促销,她要处理的电话、邮件、QQ 咨询和发送的快递还会成倍增加。工作一段时间后,王靖总结出了一些经验:对于只是咨询,还不想购买的邮件,应先回应,后回复,并提前写好回应语“信已收到,已读过,过两天细读后回信”。另外,她将客户经常咨询的问题用列表列出来,并在题下写出答复内容,每当客户询问时,她只要将这个内容复制过来即可。为了提高快递准确性和效率，她按照快递单的规格，制作一个模板，每次需要填写时，直接调用订货客户的地址模板就行了。尽管现在她还是很忙，但是她不会感到有很大压力。

办公室絮语：在很多单位，前台要负责办公室邮件、快递的收发，这些工作表面看上去很简单，但是有时由于每天处理信件量多，很容易出错。有时会因为办公室其他事务牵绊，导致邮件没有及时处理，影响单位的核心工作。办公室人员需要在工作中不断总结经验，提高工作效率。王靖在工作过程中找到一些工作技巧，帮助她提升了工作效率。

任务一　收寄传统信件与快递

一、任务描述

今天周嘉玲提前20分钟进入办公楼，她先从公司信箱中把信件取了出来，然后用专用信件袋装好，提着走进自己的办公室。在整理好办公室环境后，她就开始处理今天收到的邮件。

周嘉玲先把公函和私人信函分开，把有密级要求、标有“某某亲启”的信件分开。然后她根据收件部门的名称分类：有5封信是人事部的；7封信是销售部的；1封信是财务部的；1封信写着总经理亲启；另两封是行政办公室的。周嘉玲把总经理亲启的那封信放在总经理的办公桌上，把其他信放在各个部门的信箱里，留下了1封行政办公室收的信。

周嘉玲拿出“收文登记簿”，将收到的两份文件登记在“收文登记簿”上。然后拆开信封，里面是劳动部门发来的文件：《关于开展企业用工检查的通知》。文件要求各公司于7月22日对本公司用工情况进行自查，并提交1份自查报告。自查报告要求用快递方式寄回某市人事劳动和社会保障局。

二、理论知识

（一）收到信件的处理

1.签收信件

单位不同，签收的方式也不同，有些单位由传达室收取信件，然后传达室工作人员将信件再送给办公室人员。针对这种情况，办公室人员应注意信件到达的时间，尽量不要在信件到达时离开办公室。

有些单位邮件是邮局工作人员将信件送达单位信箱，办公室人员定时开启信箱取回邮件。办公室人员每天的开箱次数与时间，尽量与邮局投递的次数一致。

有些特别重要的邮件会采取专人送达的方式，对于这些邮件，办公室人员收取后，要及时交给收信人，并请收信人签收。

无论是哪一种邮件收取方式，办公室人员都要做好登记，登记表可以参考表 3-1。

表 3-1 信件接收单

年　月　日							
收件编号	收件日期	收件种类	发件对象	收件名称	收件对象	收件人签名	备注

2.初步分拣

邮件分拣可以采用以下几种方法：

(1)按照收件人分拣。这种方法只适合人数较少的公司或部门。

(2)按照收件部门分拣。这种方法是按一个部门一类的方法进行分类，如果信件上写的部门本单位没有设置，则可把它归入与此相近的部门。

(3)按照收件的重要性分拣。办公室人员可以在两个方面判断出信件的重要性：一是来信人的姓名或来信单位的名称；二是看信封上是否有“挂号邮件”“保价邮件”“快递邮件”“机要邮件”和“带回执邮件”等特殊的邮寄标记。

3.及时拆封

信件的拆封，应事先和上司达成协议。除此之外，应注意以下几点：

(1)不能拆开有“亲启”“保密”等记号的信件，除非上司授予你这样的权力。

(2)如果无意中拆开了不应该拆的信件，应该立即在信件上注明“误拆”字样，并签上自己的名字，封上信口，把信件交给相关人员时向他道歉。

(3)拆信件时，要在信件底部轻轻磕几下，使信封内的物件落到下部，以免在拆封时遭到损坏。拆信封要用剪刀。

(4)公务信件是不允许用手撕的，如果拆封的信件很多，可以用手动或自动拆封机，并仔细检查里面的物件是否全部取出。

(5)信件上若注明了有附件，拆封时必须核对清楚，取出的附件要用环形针或订书钉固定在信件的后面。如果附件缺少，应在信件上注明。

(6)信件中如果附有票据、证书时，办公室人员应核查票据、证件与信件中罗列的名称与数量是否一致，如发现名称或数量不符，应该在信封上写上缺少的附件的名称和数量，并及时打电话与寄信人联系，争取妥善解决。

(7)信封的处理。处理邮件时不能丢掉信封，也不要损坏信封上的文字、邮戳和其他标志。应该用回形针把它与信纸、附件等附在一起，以供以后查阅、佐证之需。

办公室人员应该把信件分成最急件、次急件和普通件。属于“优先考虑”“紧急”的信件应尽快呈送给领导；而一般的公务性信函可以经秘书处理后呈送。

4.如实登记

办公室人员应为收到的邮件建立一本登记簿，用于将来核对邮件，或作为回复信件的提示。

5.分发信件

信件经过分拣后，基本上可以分成两大类：需要呈交上司的信件；需要交给他人的信件。

无论是上司的亲收件还是部门邮件，都应及时送交，需由多人协办的邮件可按单位规定的程序流转办理。

同事的私人信件可放入指定信袋或顺便送交。

6.呈送邮件

办公室人员呈送邮件前，应仔细、认真阅读信件，重点部分用红笔画出，提醒上司注意。有时可以批注“参阅某日来信、某某等文件”；对于一些内容复杂的长信应做摘要，甚至提出拟办意见置于信前。

每份信笺、信封及附件等应平整装订在一起，然后分送上司或有关部门处理，以便于办理完毕后保管备查。

另外，办公室人员把信件呈送给上司时应注意的事项：

(1)应尽量赶在上司进办公室之前把收到的信件准备好。

(2)如果以前保存在档案中的信件与手头上的信件有很大关系，要把两者放在一起。

(3)询问上司是否要把收到的信件打印几份。

(4)根据重要程度整理上司的信件，最重要的放在最上面。

(5)征询上司的意见：是否使用不同颜色的文件夹存放不同种类的信件。

(6)征询上司的意见：是否需要事先对信件进行评述。

转交信件而本人不在时，处理人员可以附上预先制作好的留言条，见表3-2。处理时，根据实际情况在相应的内容上打上钩即可。

表3-2 信件留言条

信件留言条 □为你提供信息；□征求你的意见；□请交回；□请存档；□要你采取措施；□请提意见；□请你和我一起审核

7.传阅信件

如果信件要给几个人看，使用标准传阅顺序提示条或者按表3-3设计一个传阅顺序提示条。

表 3-3 信件文件传阅单

序号	传阅人	阅信人签名	阅信日期
1		（签名）	
2		（签名）	
3		（签名）	
请签上姓名、日期后，传给下一个人，最后请交还秘书××			

8.回复信件

上司、秘书或公司、部门寄发的信件，在打印完毕，寄发之前，要做好以下几项工作：

（1）根据信件的重要程度，在发出之前，请领导确认，把有关信件复印、存档。

（2）写好信封，检查核对收信人的姓名、地址，确保准确无误。

（3）检查邮寄标记是否准确，如挂号信、保价信、机密信等的特殊标记。

（4）信件中如有附件，应对照信纸上列出的附件名称和数量，一一予以仔细检查，确保准确无误。

（二）信件的寄发

1.信件的核对和签发

信函起草完毕后，起草人应该按照正确的格式进行打印，并保证字句、用词及标点符号正确，同时核对附件等信息是否完整，尽量保持信件的整洁、清楚，防止疏漏。

请上司在信件上签字时应该注意以下几点：

（1）要把其他信件与需要上司签字的信件区分开来，以提高工作效率。

（2）要根据上司的喜好决定是否将信件和附件一起给他，以避免一些不必要的麻烦。

2.信件的查核

在信件封装寄发之前，要仔细查核信件。查核的内容包括：

（1）查核附件。查核时应注意以下几点：①核查附件是否齐全。②如果附件比信件小得多，可以把它订在信件的左上角；如果附件不能订，则可以用胶带粘在一张卡片上，或者放在一个有标记的小信封里，然后把卡片或小信封和信订在一起；如果有两个以上的附件，则把最小的放在最上面。③如果附件比信封大，比如说小册子、说明书等，则可使用较大的信封。

（2）查核信封。查核信封主要是检查信封上的收信人姓名、地址与信笺上的收信人姓名、地址是否一致。

（3）查核信件标记。信件标记有两种：一种是信件性质标记，如“私人”“保密”等；

另一种是邮寄方式标记，如“挂号信”“急件”等。查核时，根据实际情况决定是否需要打上邮件标记。

3.信件的折叠和装封

信件装封之前，要将信纸上的小夹子或其他装订用具取下。信纸的折叠应该根据信封和信纸的规格而定。

装封时，除了要整齐美观外，还要考虑收件人拆阅是否方便。比如信纸不能撑满信封，上下和左右边留出大约 0.5 厘米的距离。信件装入信封后，要仔细封好开口，并贴上邮票，给邮票和封口涂胶水时避免玷污信封。

4.信件确认

(1)检查需要签字的信件是否已签字。

(2)确认所有附件都已放进信封中。

(3)确认信封上的地址与收件人的地址是否一致。

(4)确认寄发的信件是上司修改后的信件。

5.信件的寄发

信件的寄发可以采取邮局邮寄、机要通信、专人送达等多种方式。信件的寄发要考虑时间、经济、便利等因素。

(三)快递处理

快递，又名速递，是兼有邮递功能的门对门物流活动，即指快递公司通过铁路、公路和空运等交通工具，对客户货物进行快速投递。目前国内经营较好的快递公司主要有：顺丰速运、邮政 EMS、申通快递、圆通速递等。

1.快递寄发

寄快递先要认真填写快递单。快递单上主要填写收件人姓名、地址和电话。寄往国外的快递还要写清楚邮编号码，因为很多国家是以邮编号码进行投递的。如果物品价值较高，可以选择保值。目前大多数快递服务公司提供上门收件服务，寄发时，可以打电话让服务人员上门取件。

2.快递的查询

快递寄出后，如果想了解快递投递情况，可以通过打电话查询，还可以通过快递公司的官方网站查询。

3.快递的签收

依据快递管理办法，收取人可以先验货再签字。验货主要查验物品与投递单上的标记是否一致，数量是否相符，物品有否破损。遇到不让查验物品时，你可以拒绝签单，或将签单全部收走。如果遇到物品不符、数量不对或有破损时，要在签单上注明。

4.快递的处理

快递的物品或文件往往较重要，时间紧急，因此需要及时处理。

三、实训

（一）实训任务

收寄传统信件、快递。

（二）实训目的

能快速地对信件进行分拣，能按要求和步骤处理收到的信件。

能准确无误地寄发信件和快递。

（三）实训成果

每人提供来信登记表、信件传阅提示单以及寄出快递单。

（四）实训指导

（1）传统信件的收取过程为：签收、分拣、拆封、登记、传阅。

（2）制订信件签收表，签收表的内容应有时间、邮件类型、寄件单位、收件人等字段。

（3）根据实际情况，确定信件分拣方法。

（4）设计接收信件登记簿，内容包括收件时间、来信单位、办理情况等。

（5）设计一个信件传阅提示单。

（6）单位信件寄出的过程为：撰写、审批、复印存档、填写信封、寄出。

（7）重要的信件应得到上司批准和签字后，将信件归档。然后再打印 1 份信件的副本，找到信件寄达的地址，认真填写信封，再将文件及附件全部装进信封，并作核查。再次核对地址和邮编，无误后封信封口，最后通过邮局寄出。

（8）快递信件收取可以参照传统邮件收取方法来处理，作好及时登记与办理。而收到快递包裹时，要当面检查物品与表单上的物品是否一致，物品是否破损。如果是货到付款，还需要垫付货款费。

四、相关链接

（一）正确分拣、处理领导无法及时处理的信件

若领导不在，秘书处理信件的方法如下：

（1）将公司和外来的信件分开，并把内容大致记录下来。

（2）主动与上司联系，告诉上司需要亲自处理的信件。

（3）把信件交给公司有权处理的人来回复。

(4)把寄给上司的信件连续编号。

(5)把需要上司亲自处理的信件保存下来,并在通知发件人已收到的信中告诉对方何时可以得到回复。

(6)把积压的信件分别装入纸袋中,标上“需要×××处理”的字样。

(二)案例

前台文员李晓上班才一周,上司办公室主任让她负责处理公司的信件。早上8点,公司的第一批信件到了,李晓正忙着打电话,她让送信人把信堆放在办公桌上,一边打电话,一边拿起笔签了字。她打完电话后,又一边与同事聊天,一边拆邮件,其中一封信的回信地址被她剪掉了也没有注意到。剪开所有信封后,她抽出信纸夹进了文件夹,而把所有的信封丢在了另一边。当她发现一封信拆错后,赶紧把信塞回信封,用胶水粘了起来。

今天的来信中,有一封急件,她觉得应该由上司回信,于是,她把几封信混在一起放在上司的办公桌上。送信件时,上司将一张名片给了她,让她打印一个信封。这是一封寄往美国的信,李晓按照以往习惯,把收件人地址、姓名打印在信封的上部,把本公司的地址打印在右下角,最后导致信件未能寄出。

点评:李晓在信件处理过程中出现很多问题,第一是工作态度不太认真,第二缺乏对信件处理的知识与能力,如分拣不及时、发往美国的信封地址写错等。

(三)快递单样本

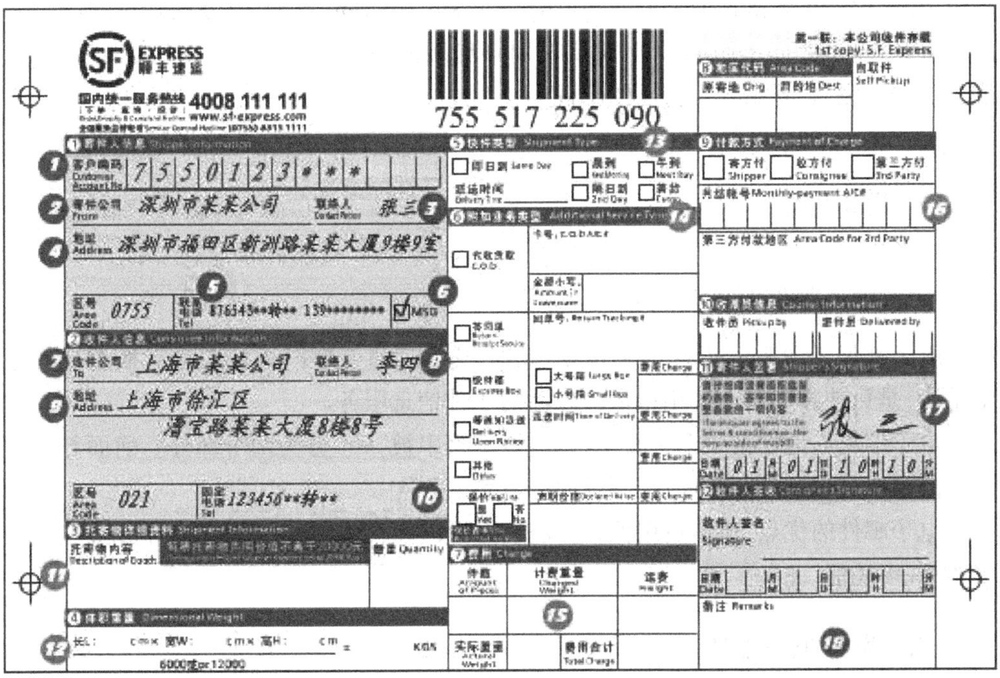

点评:这份快递单是用电脑打印而成,字迹清晰,信息完整,但还应将收信人的手机写上。

五、 拓展训练

某市东来公司是一家大公司,每天都会有大量的文件、信件需要处理。张晓萌是这家公司前台文员,她每天都要帮助领导整理和处理很多的文件和邮件,因此她上班前,要对自己工作中例行处理的问题和可能遇到的问题作一个简单的记录,并在工作结束后进行整理。今天上司让她马上给上海的一家公司寄去一台压榨机的样品。

问题:张晓萌应采取什么渠道寄样品,如何保证快速寄到?请写出工作流程及注意事项。

任务二 处理电子邮件

一、 任务描述

今天一上班,周嘉玲就已经完成了20多封信的收发,并寄出了3份快递。周嘉玲刚想休息一下,上司又要求她给上海分公司、深圳分公司发去总公司2019年的工作计划。上海分公司邮箱地址:donglaishanghai@ sitt. com. cn,深圳分公司邮箱地址为:donglaishenzhen@ sitt.com.cn。上司要求周嘉玲用公司邮箱发送,并用重要文件形式。周嘉玲发送完后,开始处理自己的邮件。

二、 理论知识

(一)电子邮件概念与特点

电子邮件又称E-mail,是一种运用计算机终端通过互联网进行信息交换的现代通信手段,是目前互联网上使用得最为广泛的一种信息服务。

电子信箱的地址由一个字符串组成,该字符串被“@”分为两个部分。前面部分为信箱的用户名,后面部分是电子邮件服务器名。

电子邮件的优点:通信费用低,速度快;可同时多向发送信息;不受时间地点限制;多媒体、多功能。

(二)发送电子邮件

发送电子邮件可以登录邮箱网页直接发达,也可以邮件专用软件(如outlook)

收发。

下面以登录网页方式介绍电子邮件的发送。

(1)登录邮箱网页，单击页面左侧的“写信”按钮，如图 3-1 所示。打开撰写电子邮件网页，如图 3-2 所示，即可在文本输入框输入相应的内容。

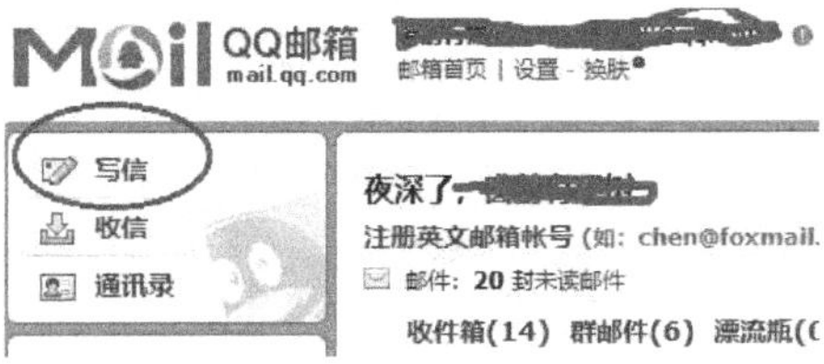

图 3-1　电子邮箱操作页面

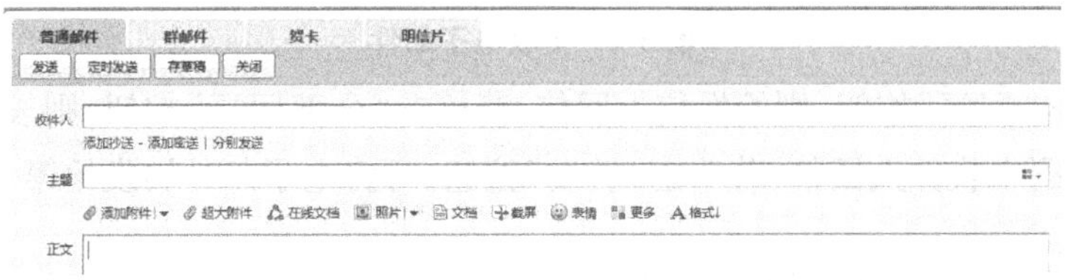

图 3-2　撰写电子邮件

(2)在“收件人”文本框中输入收件人的电子邮件地址，可一次添加多个收件人，每个电子邮件地址之间可用英文逗号隔开。

(3)在“主题”文本框中输入该电子邮件的主题，主题应避免使用敏感词汇，否则系统会自动作为垃圾邮件清除。

(4)通过“抄送”，可以将电子邮件抄送相关人员，如果是密件，也可用“密送”发给相关人员。

(5)在“正文”栏中编写电子邮件的主要内容。其格式与传统信件一样。

(6)如果随同信件还要发其他文件，可以使用“附件”的形式发送文本文件或声音文件、图像文件，如图 3-3 所示。

(7)当电子邮件编辑完之后，单击“发送”按钮，信件立即发送出去，如图 3-4 所示。

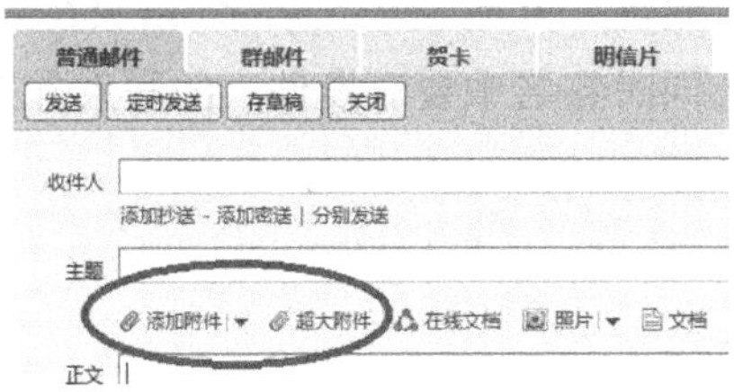

图 3-3　添加附件

图 3-4　邮件发送成功

(三)接收电子邮件

接收电子邮件的操作步骤如下：

(1)登录邮箱，进入邮箱。

（2）单击“收信”按钮，打开收件箱，浏览电子邮件，如图3-5所示。

（3）单击电子邮件“主题”的链接，即可查看电子邮件内容。如果用户收到的电子邮件中含有附件，可按需要单击“下载”“打开”“在线预览”“保存到网盘”等相应的链接。

图3-5　接收电子邮件

（4）单击“回复”按钮，则给发信人回信：若单击“全部回复”按钮，则表示给发件人和所有原件副本收件人回信；若单击“转发”按钮，可将电子邮件转发给第三方。

（四）办公室电子邮件使用礼仪

1.电子邮件格式方面

通常电子邮件可采用无背景图片的格式，中文使用宋体，英文使用Times New Roman。尽可能保持电子邮件页面的简洁大方。

2.电子邮件主题方面

电子邮件必须要有主题，主题应简单明了，方便收件人及时处理。

3.电子邮件内容方面

回复电子邮件时要附上对方的来信，方便对方对信件的理解和处理。发送较大的图片、图表和文本时，要压缩以后以附件的形式发送，同时在正文中告诉对方。

4.电子邮件落款方面

在电子邮件最后的签名中，如果是英文名字，建议一并附上中文名字，以及在公司里的职务，建议一个公司统一使用一个签名格式，同时签名中要有发件人的联系方式。

三、实训

（一）实训任务

申请电子邮箱并发送电子邮件。

（二）实训目的

能通过网站申请电子邮箱并对电子邮箱进行设置。

能群发电子邮件,会使用附件功能。

能用软件发电子邮件。

(三)实训成果

给老师发一封电子邮件,并用“附件”形式将前段时间的学习心得发给老师。

(四)实训指导

(1)申请电子邮箱。可以选择较大的门户网站申请电子邮箱,并对电子邮箱作基本的设置。

(2)写电子邮件。申请电子邮箱之后,可以登录网站,进入电子邮箱,单击“写信”按钮,然后按要求逐栏填写收件人电子邮箱地址、电子邮件主题和抄送人电子邮箱地址。在正文写主要内容。

(3)添加附件。如果需要发送附件,单击“添加附件”按钮,在弹出的对话框中添加附件。

(4)发送电子邮件。写完内容后,再次检查电子邮件的信息是否正确,如果没有错误单击“发送”即可。

四、相关链接

(一)电子邮件的时间管理技巧

如下一些小技巧,可以在阅读和接收电子邮件的过程中节省一些时间。

(1)不在工作时处理个人邮件。

(2)使用垃圾邮件过滤工具。

(3)使用文件夹来存储电子邮件。

(4)修改电子邮件的标题来概括其内容。

(5)限制处理电子邮件的次数,控制在每天 2~3 次。

(6)制定规则,将处理电子邮件作为一项独立的任务来完成。

(7)将电子邮件以接收日期的方式排序。

(8)清空收件箱。

(二)案例

“女秘书 PK 老总”邮件门事件

4 月 7 日晚,EMC 大中华区总裁陆某回办公室取东西,到门口才发现自己没带钥匙。此时他的私人秘书已经下班。陆某试图联系后者未果。数小时后,陆某还是难抑怒火,于是在凌晨 1 时 13 分通过内部电子邮件系统给秘书发了一封措辞严厉且语气生硬的“谴责信”。

陆某在这封用英文写的电子邮件中说:“我曾告诉过你,想东西、做事情不要想当然!结果今天晚上你就把我锁在门外,我要取的东西都还在办公室里。问题在于你自以为是地认为我随身带了钥匙。从现在起,无论是午餐时段还是晚上下班后,你要跟你服务的每一名经理都确认无事后才能离开办公室,明白了吗?”(事实上,英文原信的口气比上述译文要激烈得多)陆某在发送这封电子邮件的时候,同时传给了公司几位高管。

面对大中华区总裁的责备,一个小秘书应该怎样应对呢?一位曾在GE和甲骨文服务多年的资深人士告诉记者,正确的做法应该是,同样用英文写一封回信,解释当天的原委并接受总裁的要求,注意语气要温婉有礼。同时给自己的顶头上司和人力资源部的高管另外去信说明,坦承自己的错误并道歉。

(摘自360百科,有删减)

点评:秘书在处理邮件时切忌过于冲动,不能因为总经理的专横而采取以牙还牙的做法,用群发方式将总经理的“负面东西”公之于众。

五、拓展训练

某市东来公司下周一要召开各部门经理会议,会议内容主要是总结公司上半年的工作,计划公司下半年的工作目标和内容。总经理要求秘书张晓萌在公司内网上发布会议通知,并将会议的具体内容发送到各部门经理的电子邮箱中。

请你代秘书张晓萌,起草会议通知,并以电子邮件的形式发送给各部门经理。

阅读和呈送信件

邮件(微课1)

邮件(微课2)

项目四
前台接待

前面的话

本项目涉及的内容是前台最基础的工作，也是很多同学做的第一、二份工作。通过这个项目将会让你在接待客人时，让客人如沐春风，也会让你对不同目的的拜访客人作出恰当得体的应对。学习本项目前需要你学会友善地微笑，使用礼貌的语言和具备得体的举止。

在任务一中，你要掌握办公室接待的礼仪和接待的规范。目的是让你从迎接到送行整个接待过程让客人感受到你的热情。在任务二里，你需要掌握预约客人、突然来访客人、团体客人等不同对象的接待方法和注意事项，目的是让你提高接待工作的效率，同时给客人留下良好的印象。

项目关键词

⊙ 迎接、引领、送别接待礼仪

⊙ 不同客人的接待流程

职场导例

冯妮刚从一所本科院校毕业，被聘到顺达商贸公司做前台文员，主要负责前台客户接待、信件管理等工作。由于在校期间参加了校礼仪社团，她对各种礼仪有一定了解，虽然她长得不算漂亮，但被全公司的人公认为是最得体大方的秘书。她早上会把自己打扮好后才进办公室。她得体的打扮给办公室增添了许多活力和色彩，她端庄的坐姿和走姿，给人一种优雅感。

冯妮本以为前台秘书是一份轻松的工作，没想到第一天上班就把自己忙得焦头烂额，而且所有的事情还干得一团糟。早上刚上班就接待了一位客人，这位客人姓王，是宏宇公司的业务经理，说和顾经理约好了9:00见面。因为手头有工作要处理，冯妮让他自己去找顾经理。9:15，顾经理打来电话询问是否有位宏宇公司的业务经理来过，冯妮说："没到9点就来了，我让他自己进去找你。"顾经理很不高兴地说："客人第一次来，你应该把他带到我的办公室呀。"客人果真找错了地方，耽误了10多分钟。过了5分钟，又来了一位客人，来访者介绍自己姓唐，并想购买一批职业装。冯妮说："请稍等，我去问问总经理现在有没有时间。"可是顾经理说："没有与这个人预约，但是可以请他在10分钟后到会客室。"冯妮把情况告诉了唐先生，然后让唐先生在接待室的沙发上坐下，并给他倒了杯水，接着又忙其他事去了。15分钟后，唐先生觉得有点不耐烦，回到前台问冯妮是否可以去见顾经理。看到已经过了15分钟，冯妮把唐先生带到顾总办公室，在去会客室的途中，冯妮始终走在唐先生的左前方，并向唐先生介绍公司的一些情况。不过在走廊转角处唐先生差点碰到墙柱子。到了会客室，冯妮却打开门自己先进去了，然后她从茶盘中随意地拿出了一个茶杯给唐先生冲了满满一杯茶，递给唐先生。1小时后，顾经理让冯妮送一下唐先生，唐先生对冯妮客气地说："不用了。"但冯妮还是将唐先生送到公司门口，不过进出电梯时，唐先生差点被夹住了。送走唐先生后，冯妮接到一个电话，冯妮轻轻拿起话筒，很有礼貌地说："这是顺达公司，请问有什么可以帮到你的。"对方是一家广告公司的业务员，她想约顾经理见个面，冯妮用内线电话机给顾经理打电话询问是否接听那个业务员的电话，顾经理不愿接听。冯妮打内线电话时，没有挂断对方电话，导致她与顾经理的电话全被那个业务员听到了，冯妮又拿起话筒，告诉业务员："顾经理不在办公室，不方便接电话。"可是对方提出一句质疑："我刚才还听到你在与顾经理通话呢？如果我没有猜错的话，你刚才是用的内线电话。"冯妮此时尴尬不已，不知如何应对。

办公室絮语：前台是客人了解本单位的第一站。前台接待工作影响客人对本单位的评价。因此前台接待工作不仅要注意自身形象，还要根据不同的来访目的采取不同的接待方法。冯妮在形象上做得很好，但是因为工作忙，在接待工作过程中出现了许多错误。

任务一　形象塑造

一、任务描述

早晨，周嘉玲来到办公室，首先看了一下昨天下班前安排的日程表。周嘉玲看到今天早上10点卡姿兰彩护有限公司的林总要和公司的张总约谈合作的事情。林总是公司的长期合作伙伴，张总命周嘉玲接待林总。早上9点半，宋主任要向张总汇报今年的工作情况。周嘉玲考虑了一下，决定处理一下电子邮件，然后为上午接待林总作准备。

正在处理电子邮件时，一个人走进来，周嘉玲瞟了一眼进来的人，这个人穿着一件红T恤衫，手里拿一把大众标志的车钥匙。周嘉玲又埋下头看电脑屏幕。进来的人用钥匙在前台桌上敲了一下，问道："你们张总在吗，我跟他约好了。"这时周嘉玲才赶紧站起来说："你是林总吧，不好意思，我刚才正在回一封电子邮件，我这就领你进去。"周嘉玲站在林总稍后一步将林总带到张总门口，然后推门进去。这时宋主任还在汇报工作，看到张总正在与人交谈，林总反而退出门去："张总，我是卡姿兰林军，要不您先忙，我在外面等待。"张总赶紧结束与宋主任的谈话，然后起身走到林总面前："林总，不好意思，快进来，快进来，请这边坐。"张总把林总请到沙发上坐，然后转身对周嘉玲说："你把吕梅叫来。"周嘉玲应了声"好的"，很不高兴地转身出了门。

二、理论知识

（一）接待人员的形象准备

1.得体的发型

接待人员的头发要干干净净、整整齐齐、长短适当，发型简单大方、朴素典雅。男秘书的头发以 6 厘米左右为佳，最长也不应该后及领口、前过额头；女秘书的头发最好不要长过肩部，或挡住眼睛，接待客人时要将长发扎起来，另外发饰要与脸型相配合。

2.适当的妆容

接待人员要化淡妆。化妆总的原则是扬长避短，遮掩缺陷。化妆大体上分为打粉底、画眼线、施眼影、描眉形、上腮红、涂唇彩、喷香水等步骤。另外，接待人员要注意保持手的干净。

3.秘书服饰搭配

接待人员在工作时间尽可能穿职业套装，忌穿奇装异服，装扮应以庄重、职业、优雅为主，不要过分打扮。服装颜色要以素色为主，显得比较沉稳。在服饰选择上，要以"身体"为主，服饰为辅，选择服饰一定要注意扬长避短，尽量避免穿戴与自己体形不协调的服饰。女性接待人员可根据季节决定穿裙装还是穿裤装。男性则穿西装。

4.秘书仪态举止

接待人员的站姿，要做到"站如松"。男子的站姿如"劲松"，展示男子汉刚毅英武、稳重有力的阳刚之美；女子的站姿如"静松"，展示女性轻盈典雅、亭亭玉立的阴柔之美。

接待人员的坐姿，要做到"坐如钟"，给人一种端庄、稳重之感。常见坐姿有正坐、侧坐、交叉式坐等。

接待人员的走姿，要做到"行如风"。男性要刚健有力，豪迈稳重，展现阳刚之气；女性要轻盈自如，含蓄飘逸，体现窈窕之美。

接待人员的蹲姿要"雅"，做到动作美观，姿势优雅。正确的蹲姿：下蹲时右脚在前，左脚在后，右小腿垂直于地面，全脚着地。左膝由后面伸向右侧，左脚跟抬起，脚掌着地。两腿靠紧，合力支撑身体。臀部向下，上身稍前倾。

(二)迎接客人的礼仪

在接待开始,接待人员要执行“3S”原则,即站立(stand)、微笑(smile)、注视(see)。接待人员看到客人前来时,应立即站起来,并调整好自己的情绪。在客人离自己五步时,接待者应脸带微笑,然后注视对方,等对方距离自己1米左右时,开口问好、询问:“先生(小姐),有什么可以帮您的?”如果来的人是熟人,则应送上赞美和关心,如:“王总,好久不见您,您近期还好吧?”“王总,您好,有一段时间没有见您了,您越发年轻了。”然后再探询其来访的目的。在弄清来访的目的后,如果属于自己能处理的事,应及时处理;如果是来拜访相关人员,按相关的程度来处理(详见任务二)。

(三)引领客人的礼仪

如果客人是坐着的,接待人员稍微欠身,对客人说:“××,我这就带您去见我们赵总。”引领客人时应先向客人指示方向,然后在客人的左前一步左右位置引导。如果路线较长,在途中可以选择恰当的话题(比如交通、天气等)与客人交流。在需要转变方向或上下坡时,应提前告之。

上下楼梯时,接待人员应请客人先行,自己走在左后方。乘坐电梯时,接待人员应先进入,按住“打开”按钮,让客人进来。在轿箱中,如果人员不多,接待人员可以站在客人的侧方,避免背对客人。当电梯到达要去的楼层时,接待人员还应按住“打开”按钮,让客人先出。

进出门时,视门开的方向礼仪有所不同。如果门往外开,则接待人员先打开门,然后背靠门,让客人先进。如果门朝里开,则接待人员先时,然后背靠门,让客人进去。

(四)引见礼仪

引见客人之前,要询问客人拜访的对象是否愿意接见。客人拜访的对象无法接见时,则说明理由。

接待人员将客人带到拜访对象门口时,要先敲门,得到允许后才可进入。进去后,接待人员需要为初次来访的客人和客人的拜访对象相互作介绍,首先将本方的人员介绍给来宾,其次向来宾介绍本方的人员,介绍时要说清楚双方的姓名与职务,然后将客人引领到座位上,并倒好茶水,最后退出房间,把门带上。

(五)送别客人

客人离开时,接待人员需要站起来,向客人微笑,询问是否需要叫车,提醒客人是否有物品落下,最后向客人告别,并说“欢迎下次光临”。

如果上司要求接待人员送客人,接待人员视本方与客人的关系亲疏,以及客人对公司的重要程度决定将客人送到电梯(楼梯)口,还是送到公司门口,一般送得远,表示关系紧密,重要程度高。送别时,应送到客人看不到自己后才转身离开。

如果是与上司同时送别，接待人员需要站在客人和上司后面，但到了电梯口时，应快走到前面，按好电梯。

三、实训

（一）实训任务

展示自己的接待礼仪。

（二）实训目的

能为自己设计职场形象。

能在迎接、引领和送别中做到符合接待礼仪。

（三）实训成果

提供模拟接待的照片或3~5分钟视频。展示本人职业形象的视频。

（四）实训指导

(1)3~4人为一小组，学生分角色模拟。

(2)设计形象，先要分析自身的特点，然后从发式、妆容、着装、饰物进行分项设计，最后总观自己的形象是否符合职业要求。

(3)进行坐姿、站姿、走姿、蹲姿训练，做到“坐有坐相，站有站相”。

(4)模拟接待工作，根据礼仪要求，完成迎接、引领和送别工作。

四、相关链接

（一）职业箴言

“礼多人不怪。”

解读：这句话说的是在待人接物中，时时处处要注意礼仪，让人感觉到你以及你所在组织的热情。在商务接待中，不仅宏观上要注意礼仪，在接待的细节上更要注意礼仪。客人对一个单位的评判，多是从细节礼仪开始的。

（二）案例

何丽是某市天地祐公司的行政办公室文员，她正在办公室桌前打印一份文件。预约了10点和王总谈合作的吴先生到了，可是王总正在和国外的合作商视频通话。见到客人进来，何丽双手扶在小腹前，半鞠躬上前说：“您好！吴先生，王总还有事务正在繁忙，我先带您去接待室稍作休息。”何丽左手扶在腹前，右手五指并拢伸向接待室方向，说：“吴先生，这边请！”进入接待室，何丽面带微笑，示意吴先生坐下来，并为吴先生沏茶，“吴先生，请用茶。”吴先生这时说道：“何秘书，我听你们老板说你也是××大学毕业的，正巧我也是，我是2009年毕业的，你呢？”何丽回答道：“吴先生果然年轻有为，这么年轻就事业有成，我是2012年毕业的，读的是中文专业。”和吴先生聊了一会儿后，何丽甜美地说：“吴先生，王总忙完了我立马通知您，还有什么需要尽管吩咐我，我先去忙了。”

不一会儿，何丽轻轻敲了接待室的门：“吴先生，王总那边结束了，我带您去王总办公室，请跟我来。”

合作谈得十分顺利，临走的时候何丽面带微笑对吴先生说：“吴先生慢走。”吴先生也对何丽回了个满意的微笑。

点评：案例中，何丽语言举止都符合接待礼仪，并在接待中使用赞美的方式来联络感情。

五、 拓展练习

某市顺意机械制造公司来了一名新秘书叫张阳，她在工作方面很积极，也很努力，为人也热情，可就是不太注重个人形象，给人不太得体的感觉。一天，总经理派张阳去生产部拿一些资料，张阳一路小跑地回来了，满头大汗，衣服都湿透了。气喘吁吁的她把资料拿给了总经理，总经理看了看张阳，很无奈地说：“出了这么多汗，去擦擦汗吧。”“没什么的。”张阳有些不在意，继续干其他工作去了。张阳的工作能力的确很强，总经理每次外出和其他公司洽谈业务都想让张阳陪同，但一想她太不修边幅了，这个念头就打住了。最后还是带着装得体、注重个人形象的李秘书去。张阳的不修边幅也许就是她的一大缺陷。

问题：张阳有哪些不太得体的地方？一名合格的秘书应具有怎样的职业形象？

任务二　接待来访客户

一、 任务描述

周嘉玲整理完邮件，查看了今天的工作日志，今天上午9:30，本公司重要客户瑞祥服装有限公司的业务经理马宏来拜访宋总经理。9:10，马宏经理就来了，周嘉玲放下手中的工作立即站起来，向马宏经理微笑着说：“欢迎光临！您是瑞祥公司的马宏马经理吧。”马宏点了点头说：“是的，我与宋总经理约好了。”周嘉玲看了看表，说：“马经理,现在宋经理正忙,您先休息一下,到时我带您去见我们宋总。”周嘉玲让马经理在沙发上休息,给他倒了一杯水,并给了一些公司资料给他看。安顿好他后,办公室又来了一个小伙子,他自我介绍说自己是一家策划公司的业务员,前来联系业务,希望见到宋总,但是他没有预约。

二、理论知识

(一)接待预约客人

接待预约客人,接待人员首先要做好心理准备、环境准备和物质准备,其次要做好预约客人安排表,并熟记来访客人姓名、来访目的以及拜访对象。

预约客人到达时,接待人员应站起来迎接、问候,确认身份后,通知被拜访人,然后引领客人见拜访对象。

倘若被拜访人仍在与前一位客人会谈,首先应当请客人稍等,或安排客人坐下,然后用一张便条纸,写下客人姓名、来意以及允许等候的时间,送给拜访对象。送纸条时,要先敲门,进去后向客人及被拜访人打招呼,并说:“抱歉,打扰了!”然后将便条交给被拜访人,在一旁等待答复。

若预约的客人提前到达了,首先,请客人到接待室休息,可向客人表示将请示被拜访人可否提前会面;其次,准备茶水及书报杂志,让客人打发时间;最后,若被拜访人无法提前与客人见面或有事情耽搁,接待人员应不时地与客人说两句客套话,如“经理马上就来了,请稍候”,不要让客人呆坐在接待室而无人招呼。

若预约的客人迟到了,应做到以下两点:第一,亲切地表示问候及关心,也可适时为对方找个借口,表示体贴与谅解之意。第二,最好先请客人稍作休息,以缓和匆忙的情绪或整理散乱的仪容,不要在客人上气不接下气的时候立刻带去与上司会面。

(二)未预约客人的接待

对于未预约客人,接待人员也要热情问候,礼貌欢迎。

当了解客人没有预约后,应及时了解客人的来意,看看被拜访的部门和人员是否方便。如果方便,则按照预约客人的接待方法接待;若不方便,则请对方留下联系方式,并保证将留言递交给被访者。

当未预约的客人不愿意直接说明来访的目的时,可以通过其名片、以前访问记录或者逼迫询问法来了解其意图。

当未预约的客人是公司不受欢迎的人时,接待人员也要礼貌对待,并采取巧妙方法挡驾。

(三)亲属来访的接待工作

亲属来访应根据公司要求处理。一般员工的亲属在工作时间不安排见面。

上司的朋友来访，可以根据客人接待程序处理。

上司的家人来访，可以先告诉对方上司当前是否正忙。如果上司正忙，请他稍等，然后告诉上司，他的家人来访，最后视上司要求决定是否引见。如果上司有时间，告诉上司所处的位置，并询问上司家人是否知道路线，如果不知道，需要秘书作引导。

(四) 团体接待

团体接待需要确定接待规格，根据接待对象与本单位的关系来分，可以将接待规格分为高规格接待、同等规格接待和低规格接待。采取何种规格接待可以参考公司规章制度以及以往单位的接待惯例。

团体接待往往涉及面较广，为了保证团体接待成功，需要制订详细接待计划，并召开接待动员协调会。

团体接待中，先安排会谈，再安排参观访问。

在团体接待中，还有一种比较特别的接待，就是群体性上访。对于这种群体性事件，单位应启动应急预案。对于来访群众，要先要做好群体的心理安排工作，对于上访的回复应谨言慎行。

三、 实训

(一) 实训任务

预约客人的接待与未预约客人的接待。

(二) 实训目的

能正确地接待预约客人。

能适当地接待未预约客人。

(三) 实训成果

每组设计情景，提交模拟接待视频。

(四) 实训指导

(1)4~5 人一组，先讨论接待情节，并写出表演脚本。

(2)接待的过程要完整，要主动微笑问候来访者、了解来访者的来访目的、联系被访问者、引领客人、送别客人。

(3)当天不能接见，要努力联系被访者，为来访者安排一个预约时间，实在不行的，可以询问客人是否留言，并保证会尽快转交留言。但不要让客人产生“等一等还有希望”的误解，以免浪费客人的时间。

(4)当陌生客人来访时,要问清楚客人的姓名和单位。你可说:“先生,请问您是哪家公司的?”如果来访者递过名片,应郑重地双手接过,不要乱放乱玩。

(5)如果来访者是不受欢迎的人,礼貌地说明不能接见的理由。

(6)如果想约见的是上司,不要直接告诉来访者是否在,而是说:“我去看看他是否在。”同时委婉地询问客人的来意。

(7)对于未预约的客人,要通过适当的方法来弄清楚他的目的。如果是不受欢迎的客人,在不怠慢的情况下,借助一些方法让客人知难而退。

四、 相关链接

(一)如何传达约访

1.向上司传达

对于来访的客人,接待人员应先问清来访者的目的,再决定是否向上司传达。接待人员在决定时应考虑到下列因素:上司的好恶、上司的繁忙程度、上司的工作习惯、上司的健康状况、上司的工作计划。对于与上司个人预约的客人,接待人员应让客人稍坐,然后向上司确认:“您约好的××公司的×先生,现在已经来了。”如果得到确认,这时应向客人表示歉意:“×先生,对不起,不知您已经约好了,让您久等了。请往这边走。”除了有预约登记的来访者,向上司传达其他来访者时,不要使用电话,应面对面传达。

2.对预约客人的传达

见到预约客人准时到达时,要上前招呼,表示欢迎。等对方报出公司名后,应说:“您是×先生吧,我们正在等您。”如果是认识的客人,就直接向前:“×先生,欢迎光临,我们正在等您。”不要询问来访者的来访目的。如果来访者有好几个人时,要防止叫错人。

3.对未预约的客人传达

如果被访者愿意见未预约客人,可以说:“让您久等了,请往这边走。”如果被访者不愿意见这位未预约客人,可以根据上司的不同情况进行说明:“让您久等了。他正在开紧急会议,无法离开。可否让其他人与你谈谈?”“抱歉,×总正忙,放不下手边的事。您看改日联系好吗?”“×总已经安排了外出,现在无法与您见面。您能否留言?”“真不巧,×总今天外出不在。您是否愿意其他人与您谈谈?”

(二)如何接待同时到达的来访者

有时在接待工作中,会出现好几个客人同时来到单位的情况,作为接待人员应妥善处理。如果处理不好,容易让客人产生不满情绪。接待人员如何处理这种情况呢?

通常的做法是先安排有预约的客人,同时向其他客人解释:“对不起,那位先生(女士)事先预约好了的。请您稍等一下。”如果大家都没有预约,就根据来访目的的紧急、重要程度汇报给上司,由上司作出决定。如果有些是由于提前到达而与其他来访者碰在一起,你可让早到的客人先休息。

(三)棘手来访者的处理

(1)固执要见的来访者。有些来访者不讲理,非要见上司不可,甚至出言不逊。作为接待人员,遇到这类人要毫不妥协,反复进行解释,坚持说你无法更改公司的规定,并向客人提出建议:“如果您给我们李总留言,他肯定会看的。”

(2)“威胁”的来访者。对这类人,接待人员不要与他进行直接冲突。如果公司有保安,就悄悄打电话给他们;如果没有保安,可以联系同事或上司,让他们来处理。人一多,来访者也就不会再威胁了。

(3)情绪激动的来访者。接待人员遇到情绪激动的来访者,首先要认真倾听他说的话,并表示重视他们的要求,等他冷静后再与他商量处理方案。

(四)挡驾的艺术

(1)拖延法。当确定领导不想见客人时,可以采取“拖”的方法来应对。比如对来访者说:“我也很希望能给您安排,但×经理近来公务繁忙,安排见面可能需要一段时间,您最好与他进行书信联系。”

(2)不违反规定法。对于请求赞助的客人,可以用表示无法改变公司的规定为借口来拒绝。比如可以作如下答复:“我们公司每年都有不少团体要求捐款,×经理很乐意做这些事,可是公司的捐助预算有一定的金额,不能超过,您可以把资料留下,我想×经理很乐意在下一年度捐款预算中将贵团体列入考虑范围。”

(3)转移法。如果接待人员发现客人的事情应该找公司的其他人交涉,可这样答复:“这件事应该由×先生处理,我很乐意为您安排约会。如果他现在不忙,我相信他会很高兴马上见您。”“×先生今天事情比较多,他问您明天上午9点是否可以?”

(4)牵引法。有些客人固执任性、胡搅蛮缠,不听任何解释,对于这种客人,接待人员应该毫不妥协,不失礼貌地反复进行解释。同时,接待人员应牵引他接受自己提出的意见,比如向客人建议写信给领导,并保证会把信送给领导。

(5)平静法。如果客人情绪激动,接待人员首先学习倾听,让他们平静下来,然后再采取正确的方法来完成接待工作。

(6)撤退法。如果客人进行威胁,接待人员可以悄悄地告诉领导,或者给公司保安部门打电话,让其他人来应付,千万不要与客人有直接冲突。

五、拓展练习

一位客人来到办公室,说要找李总。接待人员小吕:“您约了李总上午见面吗?”客人:“没有,不知李总是否方便?”客人说完并递过名片。小吕一看客人递过的名片,是本市某报广告部的广告推销员。李总规定不接待上门的广告推销员。但小吕考虑到该报是本市影响最大的报纸,得罪他们也不太好。小吕很机智,边翻工作安排表边说:“您看,今天很不凑巧,李总刚好有一个会议。我给您联系一下,或者您另约时间?”客人:“那谢谢你给联系一下。”“请问我如何向李总汇报您的情况?”小吕从客人介绍中得知这名业务员确实是来拉广告的。小吕打电话给李总。李总批评了小吕:“不是今天我很忙,不见客人吗?”小吕放下电话对客人说:“真不好意思,李总确实很忙,不能会见您。”客人有点不高兴,但还是要求小吕向李总转告这次是专版,机会难得。小吕:“真是很抱歉,李总现在正讨论一个合同的事,无法会客。您看我们公司在本市也就是一个分公司,并且业务又在本市的周边地区,虽然本市有些业务,但我们在贵报社的另一份杂志做了广告。我们是否还要在贵报刊登广告,得要李总确定。您看现在快下班了,为了不耽搁您的时间,您能否留下电话?”“那好。”客人还是有些不高兴地走了。

问题:请你分析小吕哪些地方做得正确,哪些地方还要改正?如果广告推销员还是坚持不走,小吕该如何办?

办公室人员的形象

秘书的接待工作

不同类型客人的接待

第三编　办公室日常工作

DISANBIAN
BANGONGSHI RICHANG GONGZUO

项目五
办理办公室文件

前面的话

办文是办公室的核心工作，办公室不仅要撰写文件，而且还要将撰写的文件按标准的排版样式制作成一份标准的公文，按照一定办文程序发往收文单位或部门。办公室在办文过程中除了发文外，还要对收到的文件进行办理，办理文件也有按严格流程来完成。 通过本项目学习，你将会制作出一份带红头文件的标准公文，而且具备处理收文的能力。

在任务一中，你将会了解、把握好发文流程与要求，知道文件排版的国家标准。 目的是培养你制作高质量的文件的能力。 在任务二中，你将了解收文办理流程，能制作文件，写出拟办意见。 目的是让你能够高效地处理单位收到的文件。

项目关键词

⊙ 发文程序及要求　　⊙ 国家公文排版格式　　⊙ 收文处理程序与要求

职场导例

宏基公司收到深圳鹏翔公司发来的商洽函，该公司想租用宏基公司会议室召开公司的新员工入职会。宏基公司的会议室目前由成晓雪负责管理。成晓雪经过查对后，认为可以租给鹏翔公司并向行政部潘经理报告了此事。潘经理虽然知道鹏翔公司的员工可能会给本公司的工作带来一定的影响，但考虑到鹏翔公司是本公司的合作伙伴就同意了此事。成晓雪得到潘经理的同意后，返回办公室拟写了一份复函。去找潘经理签字时，潘经理离开公司了，要第二天才能回来。成晓雪认为，反正潘经理已经口头上同意了，也没有多想，就自己盖上章，寄给了鹏翔公司。等到潘经理回来问起鹏翔公司租会议室的事，成晓雪说：“因为你不在，他们又催着要确认，我已经给他们复函，同意租给他们了。”潘经理也没有多说什么，只是要求成晓雪还是依照公司办文流程来做，并要求成晓雪找出原始件补签。成晓雪说：“我把原件寄给他们了，要不打印一份给您。”潘经理一看复函，格式排版没有什么错，只是内容上没有将租金说清楚。

办公室絮语:办文工作其本质是公司管理的一种方式,它在不同的单位有不同的办理流程。作为办文工作的主要承担者,办公室应严格按照公司的流程来做。成晓雪以潘经理不在就不履行签字手续是不对的,原始文件入档保存是常识,成晓雪将原始件寄出是不妥的。

任务一　制发文件

一、 任务描述

周嘉玲做了半年前台工作以后,公司招了一名新文员来接替周嘉玲的前台工作。周嘉玲正式进入公司行政办公室工作。她除了继续负责公司网站管理外,还要负责办公室日常工作,包括文件撰写、会务安排、印章管理、员工考勤以及部分后勤工作。周嘉玲第一天到办公室上班,启动了桌上那台很久没有开过的电脑。可让周嘉玲想不到的是,这台电脑运行了2分钟才进入系统。她一查配置,电脑内存只有256 M,硬盘只有80 G,处理器为英特尔1.2 G,然而却安装了3个大型的管理系统软件,加上一些日常办公软件,使电脑不堪重负。周嘉玲将情况反映给上司,上司其实早就了解这个情况,也觉得有必要换一台电脑。于是他让周嘉玲向公司写一份请示,申请一台配置更高的新电脑。

二、 理论知识

(一)公文格式(根据2012年国家标准)

1.公文的构成要素

公文一般由份号、密级和保密期限、紧急程度、发文机关标志、发文字号、签发人、标题、主送机关、正文、附件说明、发文机关署名、成文日期、印章、附注、附件、抄送机关、印发机关和印发日期、页码等组成。

2.公文用纸与版面

公文用纸采用国际标准A4型纸。公文页边与版心尺寸为:天头37 mm,订口28 mm,版心尺寸156 mm×225 mm(不含页码)。发文机关标志上边缘至版心上边缘为35 mm。

3.公文书写形式

从左至右横排、横写。其标志第一层为“一、”,第二层为“(一)”,第三层为“1.”,

第四层为“(1)”。

4.字体字号

发文机关标志:红色2号小标宋体字,秘密等级、保密期限、紧急程度用3号黑体字;签发人姓名用3号楷体字;其他用3号仿宋体字;一般每面排22行,每行排28字,正文中小标题用3号小标宋体字或黑体字。

5.页码

用4号半角白体阿拉伯数码标志,置于版心下边缘之下一行,数码左右各放一条4号一字线。

6.眉首

包括:公文份数序号、秘密等级和保密期限、紧急程度、发文机关标志、发文字号、签发人。份数序号,置于版心左上角第一行,用阿拉伯数字;秘密等级分为绝密、机密和秘密,置于版心右上角第一行,两字之间空1字。紧急程度分为“特急”“加急”,电报分为“特提”“特急”“加急”“平急”,置于版心右上角第一行,两字之间空1字。如果同时有秘密等级,放在第二行。发文机关标志由发文机关全称或规范化简称后加“文件”组成,居中红色套印在文件首页上端。发文字号由发文机关代字、年份和序号组成,置于发文机关标志下空两行,居中排布,如深府〔2013〕1号。发文字号居左空1字,签发人姓名居右空1字,签发人用3号仿宋体字,签发人后标全角冒号,冒号后用3号楷体字标志签发人姓名。

7.公文主体部分

置于公文首页红色反线(不含)以下至抄送机关(不含)之间的各要素统称主体。包括:标题、主送机关、正文、附件说明、成文日期、印章、附注、附件。公文如有附件在正文下空一行左空两字用3号仿宋体字标志“附件”,后标全角冒号和名称。发文机关署名。用全称或者规范化简称。成文时间标志在正文之下,空两行右空4字,用阿拉伯数字将年、月、日标全。

8.公文版记部分

置于抄送机关以下的各要素统称为版记。其包括:抄送机关、印发机关和印发日期。

(二)发文处理程序

发文处理程序指的是本单位制发对外或对内文件的处理程序,一般包括草拟、审核、签发、复核、缮印、校对、用印、登记、分发。

1.草拟

草拟也称拟稿,是工作人员接受领导的发文意图后,严格按照领导意图进行草拟公文的过程。

2.审核

审核又称为核稿或者审阅，是指草拟好的文稿在送到单位领导处签发前，由办公室负责人对文稿的内容、文种、用词等方面进行全面的检查，以避免草拟过程中有不必要的错误出现。审核主要把好行文关、政策关和文字关。具体而言，审核一看有无发文的必要；二看用什么名义和格式行文，是否符合规范要求；三看文件内容是否符合党的方针、政策和国家的法律、法令规定，是否符合“一文一事”的规定；四看提出的要求措施是否明确具体、切实可行；五看涉及有关部门或单位的问题是否协商一致；六看文字是否通顺、准确、简明。

3.签发

签发又称为会签，是指单位的领导人对办公室负责人审核过的文稿进行最后的审查，审查无误后在发文稿纸的相应栏目里签署意见并注明签发人的姓名及年月日。以本机关名义制发的上行文，由主要负责人或者主持工作的负责人签发；以本机关名义制发的下行文和平行文，由主要负责人或者由主要负责人授权的其他负责人签发。

4.复核

复核是发文过程中的第二次审核，是在正式的公文印制出来前，秘书部门对签发的文稿进行复核审查。主要检查内容项目有：文稿查阅、审批、签发的手续是否完备，流程是否合乎规定；文稿所附带的文件材料是否齐全，是否存在错漏；文稿的格式是否统一规范。

5.缮印

缮印是指对经复核没有问题的定稿进行技术加工，制作正式文书的过程。如果发文数量小，可以直接打印、复印；数量多的可以用轻型印刷或激光照排技术、胶印技术等。缮印时要注意以下几点：缮印文件以负责人签发的原稿为依据，从文字到格式，都不得改动；印制的版面、格式符合规定，要严格按照规定的公文格式印制；字迹清晰，页面整洁美观，页码不错不漏，双面印刷，左侧装订；需要在规定的时间内完成，并做好保密工作。

6.校对

校对是以签发的定稿为基准，对缮印本进行核对，保证文书各方面无误。每件公文从文号、标题、主送机关、抄送机关、成文日期到文件印刷份数、页码、正文、标点都要认真细致地进行校对。校对的重点是：校正与原稿不符的部分；补正被遗漏的部分；校正错别字词；校正标点符号、公式、图表方面的错漏；纠正格式方面的差错。发出的文件必须加盖机关印章。校对中发现问题后应当向公文审核人员反映，对实质内容的改动须征得签发人同意。

校对时应当使用国家专业标准《校对符号及其用法》中规定的符号。

7.用印

用印是指在有必要加盖印章的文书正本上加盖机关或领导人印章的过程。在文书上盖印是证实公文效用的一种标志。用印时要先检查文稿上有无负责人签字,有负责人签字并确认符合规定的,方可在制成的公文上加盖机关印章。加盖印章的公文份数要与原稿标明印刷份数相同,多余份数不加盖印章。规范的用印方法是:"骑年压月",上不压正文,印章字迹要清晰、端正。

8.登记

登记是指根据本机关文书处理的具体要求与发文数量、分发的具体情况,对发出的公文采取簿式或卡片式、联单式、活页式的登记方式。登记项目,一般应包括:发文字号、发文日期、文件标题、保密等级、发往机关、附件、份数、承办单位、案卷号等。

9.分发

分发亦称封发,是指对撰制登记好的文书进行封装、向外发出的过程,是一项细致的工作。凡有条件的,均应尽量直接投递或者送达,以便加快文件的投递速度。特别急切、重要或绝密的文件,最好是派两个人专送。直送和专送的文件,要严格履行签字手续。不要请别人代劳,以免出现意外情况,造成损失。

10.注办

注办是对发出的文书办理情况作出必要的说明,注明办理结果的环节。其作用是便于今后查考。

三、实训

(一)实训任务

制作一份文件,并分发。

(二)实训目的

能按公文规格制作一份文件。

能按公文流程分发文件。

(三)实训成果

每组提交一份文件并提交拟稿表和发文登记表。

(四)实训指导

(1)可2~3人组成小组,先根据"任务描述"完成"请示"写作。

(2)小组成员共同讨论完成文件的编排。

(3)发文办理表。根据文件的制发顺序进行模拟:拟稿、审核、签发、复核、缮印、校对、用印、登记、分发。

(4)拟稿时要严格执行党和国家的法律、法规和政策,做到观点正确、格式规范、用语贴切。

(5)对制作的文本检查,查找遗漏、错误之处加以改正。

四、相关链接

(一)草稿、定稿、正本、副本、存本

草稿、定稿、正本、副本、存本是对文书在制发过程中不同环节的不同称法。

1.草稿

草稿是文书的原始稿本,反映了文书撰制、起草过程,主要供修改、讨论、审批使用。草稿不是正式文稿,草稿多出自秘书之手,有时为了上呈给领导时能够清楚,草稿也会打印得很整齐。草稿并不是指文稿形式上不正规、不规范,而主要是指相对正式文书而言,它在内容上还不够成熟、完善。

2.定稿

定稿是正式文书的依据稿,是经领导、上司审阅核准后签发的,或是经过会议讨论通过的稿本,也就是草稿经过签发和复核后形成的稿本。定稿仍是稿,内容上已经确定,一般不经领导同意秘书不能再加更改,但是它不具备“本”的形式,要经过从“稿”到“本”的技术处理,才产生正式文书。

3.正本

正本是根据定稿印制或编写并向外发出的文本。正本在体式上应符合文书的相应规范。在办文中,正本具有法定的实效。

4.副本

副本又称抄本,是根据正本另行复制的文书。在现代印刷水平下,正本与副本可以同时印制,这是形式上的一致。实质上,副本与正本在办文中有许多不同。副本主要用来代替正本供传阅、参考、备查使用。对于上行文,正本是主送给有关批准、审阅的收文机关的,副本是抄报用的。这样,批示、批准、批复意见,应见诸正本。仅仅是传阅、备查的副本,可以是复印件,印迹也可以复印。

5.存本

存本是发文机关留存的印制本,是正本的留查样本,存本一般可以不加盖公章,留存的份数由秘书根据需要确定。

（二）文件拟稿表（表 5-1）和发文登记表（表 5-2）

表 5-1 文件拟稿表

发文编号[ ] 密级

<table>
<tr><td rowspan="2">上级签发：</td><td>部门审稿人：</td></tr>
<tr><td>主办单位和拟稿人：</td></tr>
<tr><td rowspan="2">发文标题：</td><td>会签部门签字：</td></tr>
<tr><td>附件：</td></tr>
<tr><td colspan="2">主送单位：</td></tr>
<tr><td colspan="2">抄送单位：</td></tr>
<tr><td>校对：</td><td>打印
本文共 铅印 份</td></tr>
<tr><td>打字：</td><td>本文于 年 月 日印发</td></tr>
</table>

表 5-2 发文登记表

序号	发出日期	发文字号	文件标题	成文时间	密级	缓急	附件	份数	主送单位(机关)	抄送单位(机关)	签收人	归卷日期	存档号	备注

》（三）国家公文格式图（图 5-1、图 5-2）

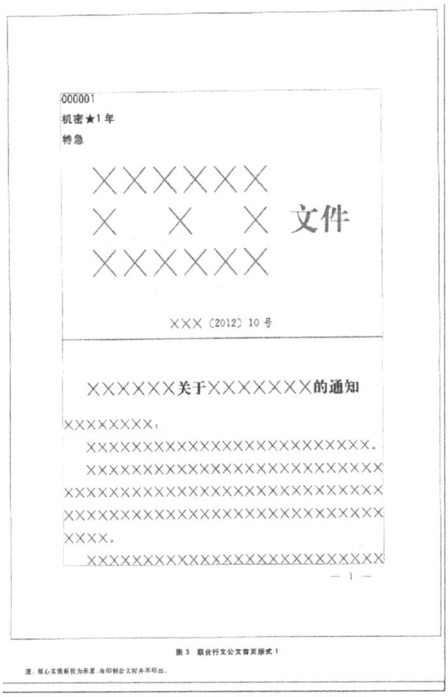
000001
机密★1 年
特急
XXXXXX
X X X 文件
XXXXXX
XXX〔2012〕10 号
XXXXXX关于XXXXXXX的通知
XXXXXXXX：
XXXXXXXXXXXXXXXXXXXXXXXXXXX。
XXXXXXXXXXXXXXXXXXXXXXXXXXXX
XXXXXXXXXXXXXXXXXXXXXXXXXXXXX
XXXXXXXXXXXXXXXXXXXXXXXXXXXXX
XXXX。
XXXXXXXXXXXXXXXXXXXXXXXXXXXX
— 1 —
图 3 联合行文公文首页版式 1
注：版心实线框仅为示意，在印制公文时并不印出。

图 5-1 公文格式文件头

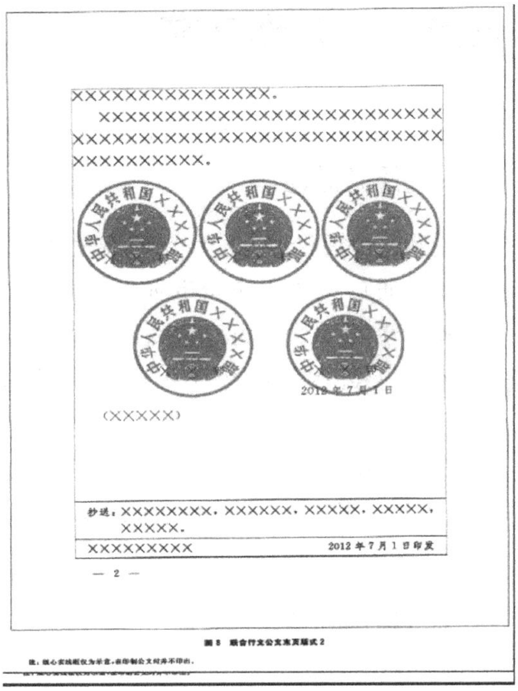
XXXXXXXXXXXXXXX。
XXXXXXXXXXXXXXXXXXXXXXXXXXX
XXXXXXXXXXXXXXXXXXXXXXXXXXXXX
XXXXXXXXXX。
2012 年 7 月 1 日
（XXXXX）
抄送：XXXXXXXX，XXXXXX，XXXXX，XXXXX，XXXXX。
XXXXXXXXX 2012 年 7 月 1 日印发
— 2 —
注：版心实线框仅为示意，在印制公文时并不印出。

图 5-2 公文格式版记

五、 拓展训练

某市恒达公司是一家大型综合性公司，随着公司经营范围的扩大，人员也相应增多，公司现有的职工宿舍也不足。许多职工只好到郊区租房住，因郊区目前未通车导致许多职工经常迟到，严重影响了公司的正常运转。为严肃考勤制度，规范公司工作流程，经公司经理会议研究决定，对没有单位住房的职工实行私家车交通费补助，办公室秘书小张负责起草相关文件，张秘书把草稿打印出来后，直接盖上公章，复印了 20 份后就下发给各个部门。结果整个公司人心浮动，许多部门员工打电话来询问公司会补助多少交通费，有住房的员工是否也享有同等待遇。原来，张秘书在起草文件时并没有写明具体的补助对象和数额，才造成了这种后果，事后老总严厉地批评了她。

问题：张秘书在发文处理过程中出现了哪些错误？张秘书应该如何正确处理发文工作？

任务二　办理来文

一、任务描述

周嘉玲今天收到一份××市政府发来的关于全面推行企业退休人员社会化管理服务工作的通知,通知要求全市所有大中型企业要主动加强与退休人员所在街道劳动保障机构的联系,共同做好企业退休人员社会化管理服务工作,及时解决他们的生活和思想问题;另外在2013年3月1日前将所有退休人员的人事档案移交工作处理完毕。通知还提到此项工作若未能得到妥善的处理,市政府将对有关单位及负责人给予一定的处分。根据公司的规定,此事由公司人力资源部负责,周嘉玲收到文件后就转给了他们,可是过了3天,人力资源部还没有处理这件事,周嘉玲认为有必要去催催他们。

二、理论知识

(一)收文的主要程序

凡是由外机关或外部门送给本机关的文件,统称为收文。收文的程序一般为:签收、登记、分发、传阅、拟办、批办、承办、催办、注办。

1.签收

签收是文件处理的第一个环节,是指办文部门对收到的文件进行清点确认的过程。办文人员签收文件时要注意"五查":查来文封套上所注的收文机关是否与本机关名称相符;查来文封套有无拆封或破损现象;查来文封号是否与递送人签收簿上所登记的封号相符;查所列文件总件数与实有件数是否相符;查发文日期是否相符。确认无误的文件方可履行接收签字手续,签名并签注收到时间,急件要注明收到的具体时间,具体到时、分,以备查考。

签收后根据职责或授权对文件拆封,拆封工作应认真对待,除指定专人(即内收发人员)或主管文件工作的机要人员拆封外,其他人员不得拆封。拆封范围是:封套上标明送本机关、机关办公室(秘书部门)以及机关"负责人"收的所有信件。封套有具体领导同志名字的,或"亲启""亲收"字样的,一般不得拆封(领导已授权或专门交代的除外)。

拆封时应注意几点:注意保存原封套的完好,不要损坏封内文件、信件;如果拆封后发现是保密文件,除按规定可以阅读外,不得转让他人阅读,拆封人员要负责保管到底;对请示类文件,如无发文机关领导签发或印章,或其他手续不全时,应拒收退回;对不合行文关系的文件(除急件外),一般也应该退回。

2.登记

登记是对来文进行的记录。这是办文人员对所经手拆阅的文书进行管理和保护的必要措施,也是保障文书迅速办理的措施,同时也是一项重要的制度。

登记来文,常用两类登记的工具。一类是收文登记簿、册的形式,主要是来文登记一览表。另一类是收文登记卡、单的形式,是为每一份来文做一份登记表,其重点表示该份来文办理情况的作用。其具体内容有:顺序号、收文日期、来文单位、封套号、保密级别、发文字号、内容摘要、份数、有无附件、办理时限、拟办情况、批办意见、承办部门、办理结果。目前大多数基本上采用网络办文系统来完成文件的登记。

3.分发

分发指办文人员对收文进行筛选分类后,根据文件的性质、重要程度、缓急时限与机关内各部门的职责范围,将经过登记的收文分送给各有关部门阅知与办理的行为。

4.传阅

传阅指针对拟办需要送有关领导和部门阅知的文件,进行组织传递和阅读,以利于文件及时有效地处理,提高办文效率的过程。供传阅的文件分两种情况:一种是阅知文件,另一种是需要办理的文件。

5.拟办

拟办是指办文人员根据来访的具体情况,对来文如何处理,拿出初步的意见,供领导或部门负责人审核决定的过程。办文人员对收文进行阅读后,根据文书的性质、内容和有关要求、文件的密级、时间要求、阅读范围、来文份数,同时考虑领导人分工、职能部门的职权范围和机关的实际情况,简明扼要地提出初步处理意见。

办文人员要做好拟办,首先要对来文内容作充分的了解掌握,要先认真阅读来文,弄清楚来文的目的和内容;弄清来文提出的主要问题,这些问题是否需要办理,这些问题与哪些部门有关,应由哪个部门主办,由谁批示;弄清楚来文的办理时限和秘密等级要求。其次要对相应的政策法规、类似问题的处理常规有所掌握。最后要充分掌握自己提出拟办意见的理由。拟办也可以由具体承办部门、承办人来完成。

6.批办

批办是机关领导或秘书部门负责人针对一份来文应当如何处理而作出的指示性意见,也可以是对拟办情况的肯定或否定。文件的批办工作一般由机关的负责人、秘书长或办公室主任承担。

办文人员要辅助领导对来文作出三项明确的批办内容:第一,批办意见,包括处理该份来文的原则与方法,负责承办来文事项的部门或承办人,承办的期限要求;第二,批办时间;第三,批办领导人签署姓名。

7.承办

承办是办文人员按照领导的指示,承接办理某份来文内容中要求办理的事项。

承办是文书处理工作的关键环节,是具体处理文书所涉及事务的过程。对于一份来文,承办环节也是最重要的,是文中的要求、希望或委托的事务落实的过程,因此秘书要重视承办工作,认真负责地承担办理。

8.催办

催办是对文件承办工作的检查和督促的过程,这是避免办事拖沓、文件积压,加速文件运转的重要措施。一旦催办有结果,秘书要针对该份文件注明办理结果,并向交办领导或有关部门回复办理情况,即"办复"。无论是向领导或交办人口头汇报,还是文字"办复",办理结果一般要说明在何时由何人主办该事项,办理结果以及是否有遗留问题,有无结论等。

9.注办

注办也称办复,是指对文件承办的情况和结果,由经办人员在文书处理单上作简要注明。

(二)批办与拟办的区别

批办意见的写法与拟办相似,但批办人员的职权地位和意见的性质与拟办不同。批办人是单位领导者或部门负责人,拟办人是协助领导的办文人员。批办的意见是批示执行或办理的原则与方法,有指示性、决定性的特点,是如何办理文件的最终依据;拟办意见仅供领导批办文件时作参考,有建议性、参考性等特点。

(三)拟办的范围

上级机关主送本单位并须贯彻落实的文件。

下级机关或直属部门主送本单位并须答复的请求性和批转性的文件。

平级和不相隶属机关主送本单位并须答复的商洽性文件等。

三、实训

(一)实训任务

完成文件的签收、拟办、承办、办结等工作。

(二)实训目标

能根据收文处理程序及方法,对文案进行规范化处理。

能根据来文意图与要求,提出有参考价值的拟办意见。

(三)实训成果

每组提供来访登记表、来文处理表和文件催办单各 1 份。来文处理单应写出拟办意见。

(四)实训指导

(1)两人一组,根据教师下发的文件进行模拟实训。

(2)每组先设计来访登记表、文件办理表和文件催办单。

(3)模拟签收工作时,组与组之间交互进行,观察接收时有没有做到"五查"。

(4)模拟登记工作时,根据设计表将内容填入表中。登记时注意防止错漏,编号要准确,不要漏号、重号。平件与密件要分别登记。

(5)模拟拟办时要先掌握文件的意图与要求,然后写出拟办意见,拟办意见要简明扼要、周到全面,拟办意见要按规定填写(收文处理单)。

(6)制作催办单主要包括:办理事项、承办单位、签收人、交办时间、应办时间、办理情况、领导意见等。

四、相关链接

(一)公文登记表(表5-3)和公文处理表(表5-4)

表5-3 ××公司收文登记簿

顺序号	收文日期	来文字号	来文单位	密级	文件标题	份数	页数	主办部门	签收人	归卷日期	备注

表 5-4　公文处理表

<table>
<tr><td>来文机关</td><td></td><td>来文字号</td><td></td><td>密级</td><td></td></tr>
<tr><td>文件标题</td><td></td><td>份数</td><td></td><td>时间要求</td><td></td></tr>
<tr><td colspan="6">拟办意见：</td></tr>
<tr><td colspan="6">批办意见：</td></tr>
<tr><td colspan="6">处理结果：</td></tr>
</table>

»（二）文件传阅单（表 5-5）和催办单（表 5-6）

表 5-5　××公司文件传阅单

<table>
<tr><td>来文单位</td><td colspan="2"></td><td>性质</td><td></td><td>份数</td><td></td></tr>
<tr><td colspan="7">办公室拟办意见</td></tr>
<tr><td>阅者签名</td><td>时间</td><td>阅后意见</td><td>阅者签名</td><td>时间</td><td colspan="2">阅后意见</td></tr>
<tr><td></td><td></td><td></td><td></td><td></td><td colspan="2"></td></tr>
<tr><td></td><td></td><td></td><td></td><td></td><td colspan="2"></td></tr>
<tr><td></td><td></td><td></td><td></td><td></td><td colspan="2"></td></tr>
<tr><td></td><td></td><td></td><td></td><td></td><td colspan="2"></td></tr>
<tr><td></td><td></td><td></td><td></td><td></td><td colspan="2"></td></tr>
<tr><td></td><td></td><td></td><td></td><td></td><td colspan="2"></td></tr>
<tr><td></td><td></td><td></td><td></td><td></td><td colspan="2"></td></tr>
</table>

表 5-6 办公室催办单

事　项			
承办部门		文件签收人	
交办时间		应完成时间	
办理情况			
办公室意见			
分管领导批示			

（三）职业箴言

“公文制发关乎单位的形象与权威。”

解读：这句话说的是要注重发文的质量，要把握好发文数量、格式、内容、文字和时效的质量。如果发文数量过多过滥，而又无法认真执行时，会影响单位的权威性；当发文在内容不符合政策，文字繁杂、格式不美时，会影响单位对外的形象，所以单位发文无论是在内容上，还是形式上都要保证质量。

（四）把握好发文的内容

办公室发文时除了要遵守发文的流程和格式外，还要把好以下关：

（1）控制发文的数量，发文要求少而精，可发可不发的文件不发，可合并发文的公文合并发文。有规章制度的，除非有新情况、新问题，不再重新发文。

（2）把好公文内容关。公文的内容在思想内容上要符合党的路线、方针、政策，符合国家法律，符合上级的指示精神，体现组织的意图。

（3）把好文字关。制作公文时，在文字上要把语言精练通俗作为重点，力求简明、准确、朴实、得体。做到遣词造句准确精练，语法修辞正确无误，标点符号使用规范，逻辑结构严谨完整，不使公文产生歧义。

(4)把好发文的时效关。发文时应做到急件急办、特事特办,防止公文于审签过程中积压时间过久,办文人员在发文过程中要及时跟办催办,要求领导随看随签,当场审签。

五、 拓展练习

某市兴盛服饰有限公司的张秘书一天早上收到了一封来信,拆开一看原来是一家跨国公司发来的询问函,想了解某市天一剑公司某员工的表现情况。张秘书一看,原来跨国公司想了解的对象是自己的好友,于是马上提笔给对方回复了一封热情洋溢的信,极力表彰该员工在公司的表现,并大力推荐,信写好后她加盖了单位公章就立即寄出了。

问题:请分析张秘书在办理文件中有何不妥之处,并提出解决方案。

文件办理（微课 1）

文件办理（微课 2）

文件办理（微课 3）

项目六
安排日常会议

前面的话

会议是各机构常见的沟通方式，也是社会组织之间及组织内部协商事情、交流信息、沟通情感、达成共识的过程，在管理过程中发挥着重要的意义。 会议安排与服务也是办公室日常工作重要内容之一。 通过这个项目的学习，将会让你了解各种会议类型，如何为会议作准备，如何开展会议服务，并具备较强的会议服务能力。学习本项目之前，你需要有一定的协调能力和记录服务能力，如果你学过了办公自动化课程，尤其是真实操作过会议设备，将有助你完成会议准备工作。

在任务一中，你将掌握会议管理的基本知识，学习会场的布置，以及能准备日常的会议材料。 目的是让你具备安排日常会议的能力。 在任务二中，你需要掌握会议引领、会议签到、会议材料发放与回收的方法与过程，具备做会议记录的能力和其他会议服务能力，以及学会会后如何做好善后工作。 目的是让你具备较强的会议服务能力和服务意识。

项目关键词

- ⊙ 会议准备工作与要求
- ⊙ 会议通知
- ⊙ 会议记录
- ⊙ 会中服务工作与要求
- ⊙ 会后工作与要求

职场导例

前段时间，市场反映某市宏星公司生产的星星牌热水器出现了质量问题，公司决定下周召开一次质量研讨会，要求各分公司部分领导前来参加。办公室小张负责这次会议筹备组织等工作，这是她第一次做这类工作，她认真地按照会议通知的格式和要求写了会议通知。在通知里，她详细地写了会议名称、会议内容、参加人员、会议召开时间、会议地点、联络信息的相关事宜和要求。会议通知写完后，小张赶紧把会议通知发到了各相关人员的电子邮箱里。可是自从会议通知发出后，小张的电话立即成了热线，电话一个接着一个，电话的内容大体相同，都是询问会议地点在哪里，具体怎么走，总公司有没有车接，打车有多远等问题，小张觉得失误太大了，于是赶紧给参会人员发了一份补充通知，写明了会议的具体地点、乘车路线以及总公司安排接站的时间等事宜。小张想：幸好及时补救，要不分公司的人一定不满意。会议正式召开那天，总经理让小张负责会议记录工作。小张心想，会议通知没发过，会议记录还是记过的，驾轻就熟，小菜一碟。在会上，总经理开门见山就说："我们近期产品质量出现了下降趋势，请大家结合自己各分公司的具体情况进行分析，找出产品质量下降的真正原因。"各分公司的人把自己公司的情况作了介绍，同时也分析了本分公司存在的问题，可能是各分公司的人没有提前做这方面的准备，于是大家你一言，我一语，各说各的理由，中间还有不少争执。小张没想到今天的发言这么没有"章法"，为了提高记录速度，她把汉语拼音、数字、字母都用上去了，但还是记得乱七八糟。会后，总经理让小张把会议记录整理好拿给他，小张看着自己的会议记录，真是欲哭无泪，找不到头绪。小张硬着头皮把自己整理的会议记录拿给了总经理，总经理看了之后面色沉重，直摇头，把会议记录递给了小张，让她把会议的相关材料都整理归档，小张却只把会议记录归档了，其他与会议相关的材料都作废纸处理了。

办公室絮语：管理日常会议，准备工作是重中之重，准备工作越充分，后面的会议越顺利。准备工作要做得细，做得实。小张在准备工作阶段，没有考虑到这次会议的具体情况，导致发出的会议地址不明；在会议服务阶段，由于记录速度不够，归纳能力不足，所以会议记录杂乱无意。

任务一　准备日常例会

一、任务描述

办公室刘主任打电话给周嘉玲说周四公司要召开第一季度生产工作会议，并告诉她通知工程部、项目研发部、财务部、物料部、设计部、质量控制部、制图部、预算部、生产调度部等部门各派 1 名经理或副经理参加会议，要求他们带本部门的工作情况报告在会议上交流。另外，还要通知公司 6 位最高管理层成员参加会议。上司让周嘉玲明天做好会议准备工作，目前公司有 3 间会议室，第 1 间 40 平方米，有 14 个位置，第 2 间有 50 平方米，座椅 25 张，第 3 间有 75 平方米，有座椅 35 张，活动折椅 10 张。

二、理论知识

(一)工作例会的概念、类型与特点

工作例会也简称“例会”,是指按照惯例在一段时间内每隔一段时间召开的会议。其目的是实现有效管理,促进相互交流与沟通。比如定期的中层会议、部门的小组会议、早会等。一个单位80%的会议都是例会,会务人员安排与服务最多的也是例会。

例会在各个单位会有不同的形式。从时间上来分,有晨会、夕会、周例会、月例会等;从与会人员来分,有经理例会、员工例会、客户座谈例会等;从会议主题来分,有安全生产例会、销售例会、技术研讨例会等。

例会的特点主要有:

1.周期性

周期性是例会最大的特点。例会往往每隔一段时间(比如一周或一个月)定期召开。

2.稳定性

例会一般有相对固定的参与对象。它的会议流程、会议主持人相对固定,甚至有些例会发言人都很稳定。

3.交流性

召开例会的目的主要是让大家在会议上交流工作中的信息,同时增进员工之间的感情。

(二)例会的准备

例会的准备工作主要包括会场准备、文件资料准备、物品准备。

1.会场准备

会务人员应根据参加例会的人数,提前申请相应的会议室。会议室确定后,提前半天先打扫会议室,为会议室通风,检查会议室是否有足够的椅子,如果要用到会议设备,还需要提前调试好。

2.文件资料准备

会务人员在例会召开之前应询问会议主持人是否如期举行会议,需要准备哪些资料。如果会议如期进行,会务人员应根据主持人的要求给与会人员发出会议通知,并准备会议资料。如果主持人要讲的内容较多,且比较重要时,可以将这些内容做成PPT。如果会议不召开或延期召开,也应给与会者发出通知,告之本次例会取消或延期到哪天。通知里应讲清取消或延期的原因。

3.物品准备

物品准备主要包括会议桌椅以及音响、投影等设备的准备。会议桌椅的准备,一要保证够用,二要根据会议需要按一定形式摆好。音响、投影等设备的准备,会务人员应在会前进行调试,保证设备能正常使用。此外,如果会议时间较长,会务人员还应准备茶水。

为了节约成本,压缩会议时间,很多公司的例会并不要求作会前准备,比如晨会、夕会、周例会等,与会人员在规定时间主动站在一起,就开会了。

(三)利用QQ、短信、微信和内部办公系统发送通知

发布会议通知是会前准备的一项重要工作。发送通知时,会务人员除了用张贴通知或电话通知等传统的方法外,还可以用QQ、短信、微信等新现代通信方法来发送通知。新的通信方法由于克服了张贴通知受众面有限以及电话通知成本高弊端,受到了会议组织者的日益青睐。

1.利用QQ发送通知

QQ是腾讯科技有限公司开发的一款即时通信软件。如果要通过QQ发送会议通知,会务人员首先要建立一个群,如图6-1所示,然后将与会人员的QQ号加入到群。每次会议前可以在群里发布会议通知,如图6-2所示,与会者只要上线就能看到通知。建QQ群的具体操作可以查看网上的相关教程。

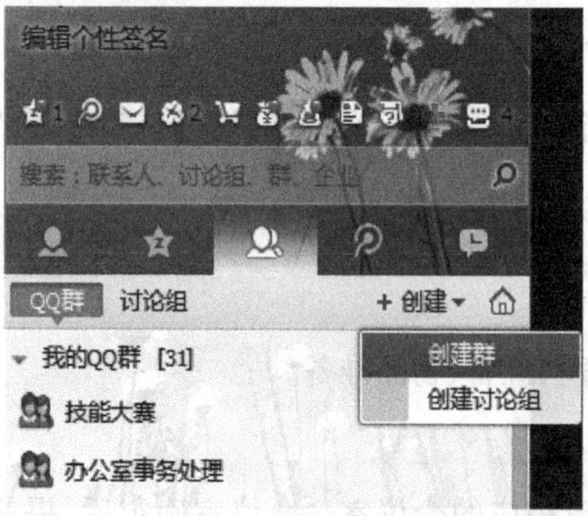

图6-1 新建QQ群

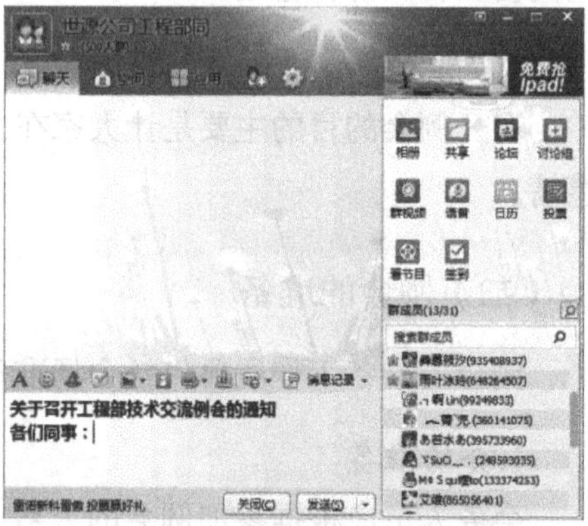

图6-2 发布群消息

2.利用短信发送通知

手机是人们常用的通信工具。会务人员可以利用手机的短信群发功能,完成会议通知的发布。

例会因为与会者较固定,会务人员可以利用手机的通信录管理功能将与会者分在同一组。具体操作如下:

(1)先打开“联系人”,然后找到“群组”,点手机左下角“功能”按键,会出现“新建”,如图6-3所示。点“新建”后,按提示为“群组”取名,加入与会者的电话号码。

(2)选择要发会议短信的群组名，长按后会出现选择项，如图 6-4 所示；然后选择“发送信息”，这时会出现全组成员名单，如图 6-5 所示；选择需要发送会议通知的人员，点“发送”后，会出现“信息编辑窗口”，如图 6-6 所示，在这个窗口中可以编写会议通知，短信写完后，点发送即可。

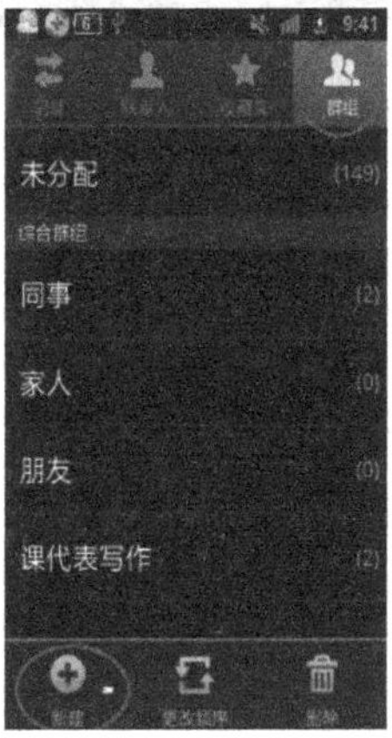

图 6-3　新建群组

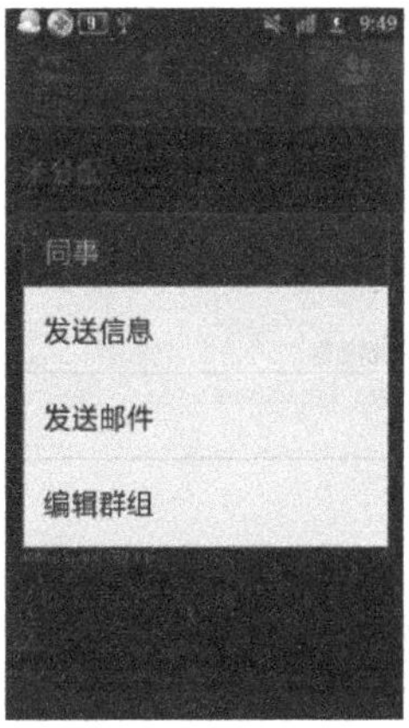

图 6-4　发布信息

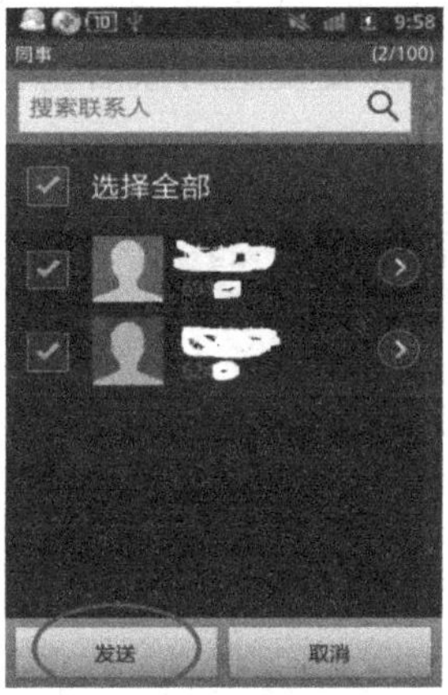

图 6-5　选择发送对象

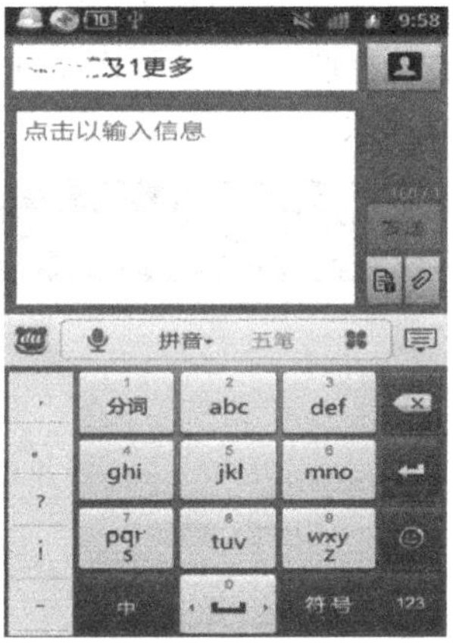

图 6-6　编写短信并发送

3.利用微信发布会议通知

微信是我们常用的即时通信应用程序，用户可以通过手机、平板电脑、网页快速发送语音、视频、图片和文字。微信提供了公众平台、朋友圈、消息推送等功能，将消息进行共享。利用微信发布会议通知操作如下：

(1)下载微信应用。微信应用可以在腾讯官网下载，也可以通过“应用市场”下载并安装。

(2)点手机上的“微信”标志，然后用手机号或 QQ 号注册，注册后，会显示“微信”首页界面，如图 6-7 所示。

(3)邀请“朋友”。打开“通信录”，点“右上角”的“十”，会显示“添加朋友”，如图

6-8 所示，选择“与会者”的微信号或手机号，然后将其添加到通信录，如图 6-9 所示，只要对方通过了验证，就可将与会者组成一个“群”，通过“群”就可以发布通知了。

图 6-7　打开微信

图 6-8　添加朋友

(4)发送消息。点页面最下一行的“微信”回到首页，然后点“右上角的带加号标志”，会出现“选择联系人”，如图 6-9 所示；然后选择所要发送对象后，就可以写消息了，如图 6-10 所示。

图 6-9　发出邀请

图 6-10　编写消息

4.利用内部办公系统发送通知

目前很多单位有内部的办公系统(OA 系统)。利用 OA 系统发送通知，先要登录到系统中，找到“发送通知”按钮，双击打开发送通知的页面，然后按照网页要求填写标题，撰写会议通知内容，选择收件人，最后点发送即可，如图 6-11 所示。

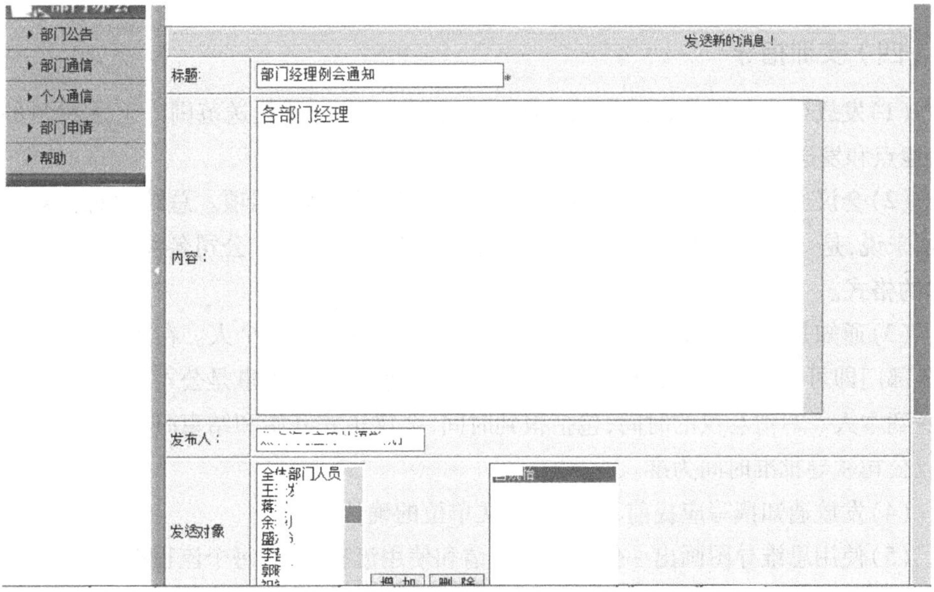

图 6-11 利用内部办公系统(OA)发送通知

5.使用 QQ、短信、微信发送通知注意事项

使用 QQ 发送通知,尤其是在 QQ 群里发送通知时,由于通知信息会随其他人对话而被覆盖,因此使用 QQ 发送通知时,最好使用较大号、颜色较突出的字体,最好每天发送一次,直到开会当天;使用短信发送通知时,通知的语言要简练,并且不能带附件;使用微信发送通知要注意文字不宜太多,最好不超过一屏,发送次数也最好每天一次,直到开会当天。

三、 实训

(一)实训任务

根据上述任务材料,完成会议准备工作。

(二)实训目的

能拟写一份内容完整的会议通知。

能用多种方式发送会议通知。

能完成会议前各项准备工作。

(三)实训成果

(1)拟发一份会议通知,通过微信或 QQ 发送给全班同学。

(2)拟发一份会议室准备工作流程与要求。

(四)实训指导

(1)发放会议通知前,需要明确会议的时间、地点以及发送范围。上述材料的时间、地点和发送对象比较清楚。

(2)会议通知的格式,包括标题、受文单位、正文和落款四项。总结表彰会对一般公司来说,是一个较正式的会议。标题一定要写全称,可以用“公司名称+会议名称+通知”的格式。

(3)通知是下行文,作为一种行政公文,一般不直接发到个人。在本例中,通知发到各部门即可,不需要发给每一个参加会议的人,但是公司董事是公司的重要领导,应发送到本人。写清会议的时间,包括报到时间、会议正式开始和结束时间,通知落款时间以公司领导批准时间为准。

(4)发放通知撰写应提前,并得到收文单位的确认。

(5)使用思维导图画出一份会议室申请和使用流程,并对每个流程提出要求。

四、相关链接

(一)公司几种日常会议

(1)董事会会议:由公司董事会成员出席,定期召开。主要讨论公司发展的重大事项和战略、政策等。

(2)公司股东年会:每年召开一次,由公司的股东就重大问题进行讨论,表决通过董事会提交的事项,形成股东大会决议。

(3)管理层会议:由公司经营决策层人员参加,讨论解决企业经营管理问题。

(4)总结表彰会议:一般一年一次,多是年末进行,主要总结公司一年的工作,同时表彰和奖励在某项工作中业绩突出的单位或个人。

(5)洽谈会:指有关各方代表充分阐述己方的各种设想,听取他方的不同意见,并通过详细陈述己方的理由,反复同对方交换看法或作出某种让步,消除相互间距离,最后各方取得一致,达成协议。

(6)展览会:是一种非常直观、形象、生动的传播方式。展览会通常以展出实物为主,并进行现场示范表演。这种直观、生动的活动,容易给参观者留下深刻的印象。

(二)会场布置样式

会场布置样式一般有以下几种,如图 6-12—图 6-17 所示。

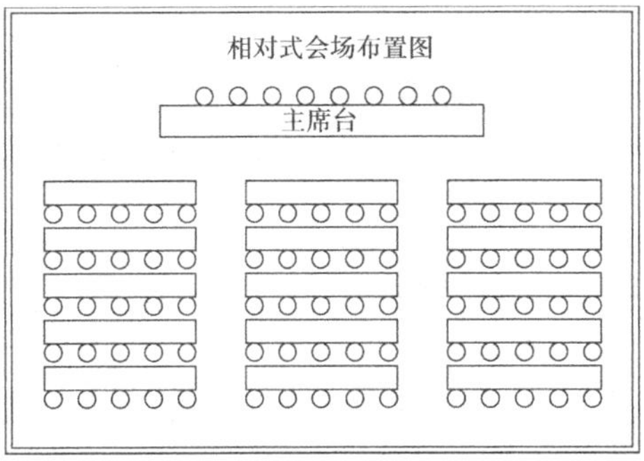

图 6-12 相对式布置

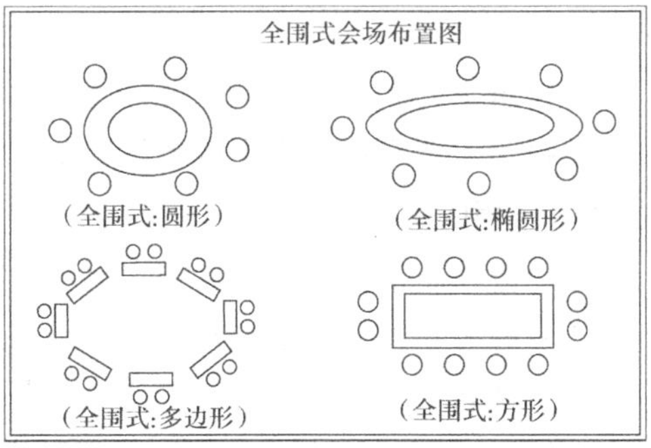

图 6-13 全围式布置

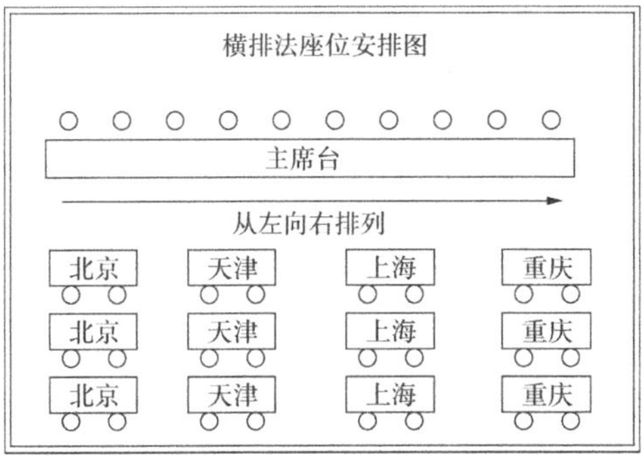

图 6-14 横排式布置

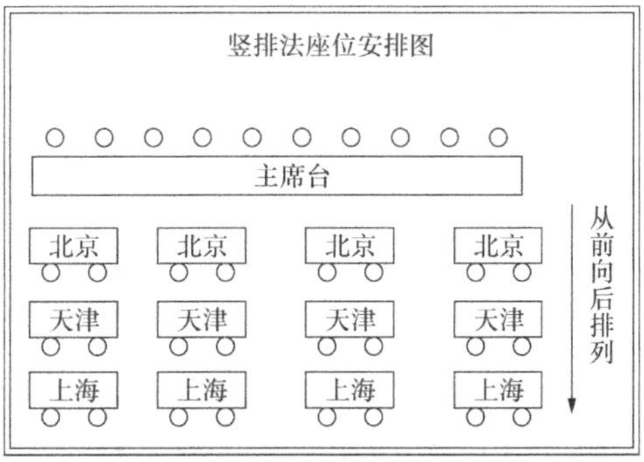

图 6-15 竖排式布置

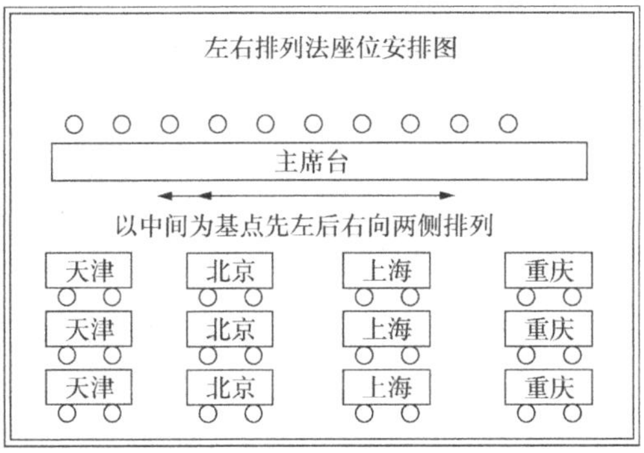

图 6-16 左右式布置

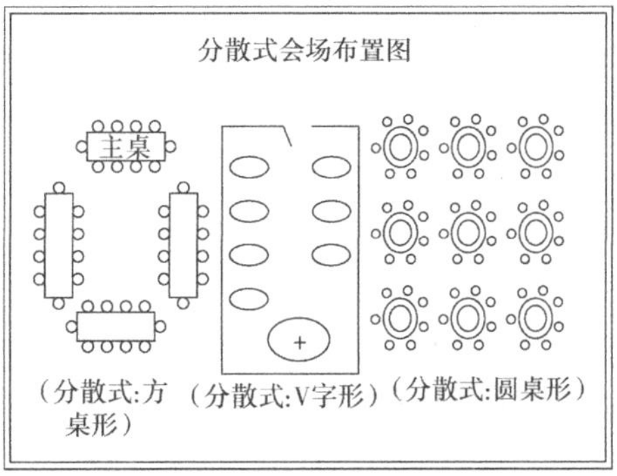

图 6-17 分散式布置

（三）会议证件的样式与制作

会议证件的样式主要有系带的卡片、黏性标签、有夹子的卡片和台签式的姓名卡片。

会议证件设计时应注意：

(1)内容上要有会议的名称、与会者姓名、称呼(先生、女士、小姐等)、身份(职务、职称等)、组织或公司的名称。

(2)在设计上应区分正式代表、列席代表、工作人员、特邀嘉宾等与会者的不同身份。

(3)重要的大型会议要在证件上贴上本人的相片,并加盖印章。

(4)为了便于辨认会场内各种人员的身份,同一会议的不同证件应当用不同的颜色和字体相区别。

(5)应注意根据公司不同的文化理念设计会议证件或姓名卡片。

(6)姓名卡片的大小式样应注意经济适用、美观大方。

(7)姓名卡片可在会议的接待区向与会人员发放,并在主席台等必要的地方放置台签式姓名卡片。

(8)会议证件的设计格调要与会议的性质和气氛相适应。

(9)涉外会议证件可用中文和外文两种文字,外文排在中文下方。

(四)案例

1.内部较大型会议通知

会议通知

××分公司:

为了总结公司第一季度生产与售后情况,并制订第二季度的生产与销售计划,总公司定于2009年3月25—26日,在××宾馆召开公司第一季度总结会,请各分公司总经理及销售经理参加,并带好第一季度生产与销售报表,交通费由总公司报销。会议报到时间为3月24日13:00—18:00。

会议联系人张俪,电话12345678。

附件:

1.会议日程

海天公司

2018年11月2日

回　执

请于12月1日前将此回执邮寄或传真至:海天公司总经理办公室舒兰收,邮编:100100,电话(传真):12345678。

□我公司参加此次会议,参加人数:

□我公司不参加此次会议。

返程日期:

公司

年　　月　　日

点评:此会议通知内容完整,会议目的、议题、会期、参加人员范围、报到时间与地点、开会时间与地点、需携带的材料等要素清楚,回执内容明晰,可得到收文单位的确认。

2.会场布置

会场布置如图6-18所示。

图 6-18　会场布置图

点评:此会场是小型会议会场布置,会议室清洁、明亮,根据需要将座位摆放成椭圆形,这样的形式可以使参加会议的人坐得比较紧凑,彼此面对面,消除拘束感。

五、 拓展训练

世纪科技公司是一家国有大型公司,公司青年员工较多,也是公司的主要技术骨干,为了表彰先进,激励年轻人为公司多作贡献,公司决定于 5 月 4 日举办以“激荡青春,科技创新”为主题的优秀青年科技人员表彰大会。公司 200 名青年科技人员全部参加。

问题:请你完成以下任务:

(1)拟写一份带回执的会议通知。

(2)请为此次会议选择会址,并说明理由。

(3)请拟订此次会议的会议议程和日程,要求格式正确、规范,要素齐全。

(4)提供会场布置样图。

任务二　会中服务与会后工作

一、 任务描述

开会当天,周嘉玲提早来到公司,首先打开会议室门窗,让清新的空气进来。清理茶杯后,周嘉玲再打开空调、饮水机和会议设备,最后泡好茶后离开了会议室。不久,主任让她今天负责会议记录和签到。今天开会有 12 个人,会议由总经理赵明负责。

周嘉玲第一次做会议记录，记录的情况不是太好，好在她聪明，带了一台摄像机进入会议室，她将会议的内容全部录了下来。会议开完后，周嘉玲利用大家聊天的时间，查看录像并补充了几处没有记录好的地方，最后完成了会议记录，自己签字后交给赵经理，让他确认签字。等与会人员走后，周嘉玲先将会议桌上的一次性纸杯倒入垃圾桶，然后将桌椅摆整齐，关闭会议室所有设备的电源，最后拿着报告书以及会议记录回到办公室。周嘉玲正准备休息时，办公室刘主任告诉她，这次会议材料需要整理归档。

二、 理论知识

（一）会中服务工作

1.签到和引导

会务人员应热情地迎接与会人员，并引导与会者及时签到，签到之前要准备好签到的登记簿、签字笔等用品。负责签到的人员要提前到岗。内部会议，与会者一般都有自己的习惯座位。如果是大中型会议，一般要事先制作好各种座次标志用品（如主席台或会议桌上的名签卡片、座次图表、指示牌等），采取对号入座的方式，或是将会场划分为若干区域，以部门或地区为单位集中就座。

签到的方式有：簿式签到、表式签到、电子签到

2.引导

引导虽然看似小事，但却能给与会者提供很多方便，使他们感到亲切，每一位会务工作人员都应该履行引导的义务，大中型会议报到及进入会场还应当派专人负责引导。

3.做会议记录

会议记录可以为会议后期需要形成的文件提供依据，也可以成为一个部门和单位的历史资料。

会议开始前，记录人员要准备足够的钢笔、铅笔、笔记本和记录用纸；准备好录音笔，以便作为手工记录的补充；提前到达会场，了解与会人员的座位图，便于识别会议上的发言者；准备一份议程表和其他的相关资料与文件，以便需要核对相关数据和事实时随时使用；在利用录音机的同时，必须做好手工记录，以防录音机中途出故障，如运用电脑记录，记录员应掌握速录技巧，提高记录速度。

会议记录的方法：

（1）摘要记录。提纲挈领地作重点记录，简明地反映会议的要点。对于会议情况，着重记录议题、议程、决议，而不反映一般进程，对与会者的发言，着重记录中心意思、发言要点。

（2）详细记录。要求把会议的全部情况，包括每个人发言原话尽可能记录下来，特

别重要的发言，不仅要求完整记录发言内容，而且还要记下发言者的语气、姿态，以及会场的情绪和气氛等。

(3)录音整理。利用现代化的录音设备，详细完整地录入讲话内容，再由会务人员整理成文。

会议记录的格式：

(1)标题。由会议名称加“会议记录”组成，如“××××会议记录”。

(2)首部。主要有：①会议时间。要写明年、月、日，上午、下午或晚上，×时×分至×时×分。②开会地点。要写全称且具体，如“××会议室”“××礼堂”等。③主持人的职务和姓名，如“办公室主任×××”“公司总经理×××”。④参加人。包括出席人、列席人、旁听人，根据会议的性质、规模和重要程度的不同，参加人一项的详略也会有所不同。除此之外，还要写清缺席人。⑤记录人。包括记录人的姓名和部门。

(3)主体。会议记录的主体一般包含以下方面：会议的议题、宗旨、目的；会议议程；会议报告和讲话；会议讨论和发言；会议的表决情况；会议决定和决议；会议的遗留问题。这些是一般会议都有的项目，但侧重点有所不同，先后次序也有所不同。

(4)尾部。尾部用于各项署名，由主持人和记录人对记录进行认真校核后，分别签上姓名，以示对此负责。

(二)会中其他服务内容

会议中，会务人员有可能还要负责信息沟通、茶水服务和值班保卫等工作。

1.信息沟通

如果会议议程较多，会议时间较长，内部会议还要注意信息沟通。工作内容主要为收集、传递和反馈会议信息，使上司方便利用。

2.茶水服务

会议茶水服务分为两种：一是提供瓶装水，二是提供热茶。如果提供瓶装水可以在会前放在桌面上，会议中途不再提供水。如果是提供热茶，那么在会议进行过程中需要续水，续水时应避免将水倒在会议材料和桌面上。重要会议两种茶水都提供。

3.值班保卫

大中型会议，会务人员24小时值守，必要时，应建立主管领导带班制度，以保证会议顺利进行，并随时准备应付各种突发事件。值班主要内容有：协助收集有关情况、文件和资料，传递各种信息；控制与会议无关人员随便出入会场；保证会议信息的畅通无阻；做好会议期间各项活动的协调工作。

会议安全保卫工作应包括以下内容：与会重要人员人身的安全保卫；会议重要文件的保卫；会场和驻地的保卫；会议的各种设备用品的保卫；与会者私人贵重物品的保卫。

(三)会后工作

会议结束后,会务人员需要做好会议善后工作,主要包括清理会议室、归档会议文件,有些例会如年终总结会、董事会议等需要写会议总结。

1.整理会议室

会议结束后,会务人员要收拾整理放置在会议室的茶杯、桌椅、烟灰缸和其他用品;清理并取走所有剩余的会议文件;检查、归还各种试听设备,将会议室设备整理恢复到备用状态;注意检查与会者有无遗失文件。临时摆放在会议室的各种视听设备要及时放回原处或办理归还手续。

2.清理会场

清扫散会后的会场,也是不容忽视的一项工作。无论是会务人员还是会务工作人员,都要坚守岗位,善始善终,保证会议结束后会场环境的清洁整齐。

3.清退文件

清点文件剩余份数,做到数目清楚;对于内部文件、机密文件以及应回收的文件要及时清退收回。

4.整理会议材料,立卷归档

会议结束后,要及时做好会议文件的立卷归档工作。

小型会议的文件,会后只需将会议记录或会议纪要归入卷内,并按会议讨论议题顺序进行整理即可。

大型会议完整的会议案卷,应包括以下内容:会议正式文件,如决定、决议、计划、报告等;会议参阅文件;会议安排的发言稿;会议上的讲话记录;其他有关资料。

三、实训

(一)实训任务

会议签到及会议记录。

(二)实训目的

能制作会议签到表。

能作完整的会议记录。

(三)实训成果

每组提供一份会议记录。

(1)签到表可以使用 Word 和 Excel 等办公软件制作。签到表应包括“姓名”“职务”“单位名称”“联系电话”“电子邮箱”“备注”等字段。

(2)签到方式可以采取多种形式进行。因本会议只有12个人,可以让与会者在会前完成签到。会议文件可以在签到时发放。

(3)训练时,由教师或同学选择一段会议视频进行训练。

(4)作会议记录前,先写好会议记录的相关信息,包括会议的标题、会议召开的时间、地点、会议的主持人以及参加人员和缺席人员等。

(5)记录与会者的发言时,主要记录其中心意思。此外,记录会议讨论的事项和会议结论。

(6)作完会议记录后,记录人签名,会议主持人确认签名。

四、相关链接

(一)案例

景天公司第七届股东大会会议记录

时间:2010年1月20日上午9时

地点:景天公司第一会议室

出席人:景天公司全体股东

主持人:李锦(公司董事长)

记录:冯宏欣(董事长会务人员)

主持人讲话,宣布会议开始并宣读了会议的主要议题:①审议2009年工作情况和2010年度公司发展规划报告;②审议2009年度财务决算、2010年度财务预算报告及审议公司年度利润分配方案;③审议关于修改公司章程的议案;④审议公司2009年监事会工作报告。

公司总裁作2009年工作报告和2010年发展规划的报告(略)。

公司副总裁张鑫先生汇报2009年度财务决策和利润分配方案(略)。

公司副总裁吴越先生作关于修改公司章程的汇报(略)。

公司副总裁赵峰建先生作2009年监事会工作的报告(略)。

发言:股东们对以上报告进行了认真的研究与讨论,股东们最关注的是景天公司利润分配方案,对于10送2的分配方案,股民们表示赞许和满意。股民们认为送股之后,如市场形势好转,凭着景天公司的品牌战略和优良的业绩,新获得的利润将会高于同股分红,这些优势都会给景天公司的股民带来信心。

表决:最后以95%的赞同票通过了上述报告。

主持人总结:我们仍然坚持上市时说的,在经营上我们不会搞短期行为,而是把追求长期利润作为最大目标,认真负责地对待景天公司股东,实现我们给股东以丰厚利润回报的承诺(鼓掌)。

散会(上午11时)。

主持人:李锦(签名)

记录人:冯宏欣(签名)

2010年1月20日

点评:景天公司第九届股东大会会议记录对会议情况提纲挈领地做重点记录,简明地反映会议的要点,对与会者的发言,着重记录中心意思、发言要点。

(二)会议文件的收集与范围

之所以要收集会议文件,主要是为了防止泄密;同时为会议文件的立卷归档作准备。

会议文件收集的要求:

(1)齐全。凡是有保存价值的会议文件在会议结束后都要立卷归档。

(2)及时。会议结束后两天内应及时收集会议材料。

(3)严格查对。保密文件,要按会议文件的清退目录和发文登记簿逐人、逐件、逐项检查核对,以免出现死角。

(4)严格登记。与分发文件一样,收集会议文件也要履行严格的登记手续。

需要收集的会议文件主要有:请求审批举办会议活动的文件;会议筹备工作的文件;会议内容的文件,如议程、讨论提纲、各种报告和发言材料、会议记录、议案、决定决议、参考资料等;会议活动宣传报道的文件,如会议简报、新闻稿等;会议管理与服务方面的文件,如各种名单、票证、表格、簿册、会议总结、承办合同、日程安排等;有关会议活动的照片、录音和录像等;会议文件的定稿、存本,重要文件的草稿、讨论稿等。

(三)会议文件收集的方法

(1)确定收集清退的重点对象。文件收集的对象包括全体与会者和工作人员,但重点是会议领导人、小组召集人、发言人、记录人、拟稿人。

(2)印发收集清退目录。规模较大的会议,可事先印发会议文件的收集清退目录,要求每位与会者在会议结束时,根据目录整理好应清退的文件,统一交至会务人员处。

(3)现场收集清退。小型会议可由会议主持人在会议结束时要求与会者将需要清退的文件留下。

(4)个别收集清退。对提前离开的参加对象或工作人员,如果手中有必须清退的文件,要及时进行个别清退。

五、拓展训练

某市时新公司是一家生产服装的企业,有员工170余人,在全国商场设有50家专卖店。时近年末,公司将召开总结表彰大会,会议文件草拟和归档由行政办公室的张洁茹负责。今天上午,总结表彰大会已经结束。

问题:张洁茹应收集归档哪些材料?请你列出有可能需要收集的会议材料清单。

日常会议的
准备工作

日常会议中的
服务工作

项目七 办公室印信管理

前面的话

印章，是一个单位权力的象征，在商务活动中也可以看成是一种承诺。 介绍信看似平淡无奇，但是当一位职员持单位开出介绍信从事商务活动时，他的个人活动就成了单位的公务。 因此每个单位非常重视印章与介绍信的管理。 使用印章和开具介绍信都有严格的程序。 严格控制印章和介绍信的使用是办公室的重要职责。通过学习本项目，你将对印章种类和用印的规范有清晰的了解，对介绍信的作用也有明确的认识；通过本项目的训练，你将具备正确用印和制作介绍信的能力。 学习本项目需要的前置知识是社交写作的知识。

在任务一中，你将了解印章的作用、种类及其用途，掌握用印的基本流程和保管的方法。 目的是让你正确管理好印章。 任务二中，你将了解介绍信的作用和制作方法。 目的是让你具备制作介绍信和管理介绍信的能力。

项目关键词

- ⊙ 印章作用
- ⊙ 印章使用程序
- ⊙ 介绍信的格式
- ⊙ 开具介绍信的要求

职场导例

吕萌是深圳天×瑞礼品有限公司的办公室工作人员，掌管着公司印章与介绍信。公司里的工作人员无论是公务还是个人业务需要盖章，或是开具介绍信，都要到吕萌这儿来。吕萌认为印章、介绍信对于一个公司来讲非常重要，无论谁来用印或开具介绍信，她都非常认真地对待。一天，销售部经理孙经理拿一份收入证明来找吕萌盖章，吕萌看了一下证明内容，写着孙经理年收入 28934 元人民币，吕萌一看就知道是假证明，因为自己的收入就已经是 6 万元了，他是经理怎么可能才 2 万多元。吕萌也没有问证明用于何种目的，只让他去找管人事的副总经理签字后才能盖章。孙经理说,他开的这个证明是想申请政府的保障性住房,不想让别人知道。吕萌在孙经理的再三恳求下,又想到这也不涉及公司业务,加上平时孙经理也经常帮助自己,最后还是很犹豫地在证明文件上盖了证明章。后来住房保障局对所有申请人的收入进行了核对,发现不少公司出具假证明,并向全社会公示这些公司名单,天瑞公司的名字也赫然在列。公司总经理知道这个情况后,认为这损害了公司的形象,要孙经理和吕萌做检讨。

办公室絮语:办还是不办,有些时候真还会让办公室工作人员处于尴尬与纠结中。案例中的吕萌就处于这种状态:办,违背了原则,从结果来看,也是相当严重的;不办,面对的是同事,又是上级,而且他们还帮助自己。办公室人员处于这种状态时,首先应坚持原则,然后通过恰当的方法和渠道,让他理解你作出的选择。印章与介绍信代表着公司的权力与行为,这种权力不能随便让渡。

任务一　用印及印章管理

一、任务描述

某天上午,某市富临食品有限公司与本市农顺粮油公司达成了一项采购原料的协议。两家公司的合同已经完成签字,现在需要加盖公司的印章。富临公司的印章由周嘉玲管理,目前她的办公桌抽屉里有公司的钢印、公司印、法人签章、公司证明章、公司行政办公室印章、公司合同专用章。公司的谈判代表要求周嘉玲盖章。

二、理论知识

(一)印章概述

印章是国家行政机关和企事业单位、社会团体职权的重要凭证,也是国家行政机关和企事业单位、社会团体权力的象征,一般由办公室或秘书人员进行保管。

1.印章的效用和地位

一般来说,印章具有以下三个方面的作用:

(1)标志作用。印章是各级各类社会组织区别于其他组织并为人们所识记的标志。在开展工作的过程中,印章明确地表明了其合法身份。

(2)权威作用。“印”和“章”是权威的象征,代表一定的职能和权力。如对于某一法定组织来说,其领导人依法定程序产生,具有法人代表资格,因此领导人的名章不是代表其个人,而是代表其负有某种职权。

(3)凭证作用。印章具有法定的凭证作用,加盖印章是一种法律行为。公务往来的文件,要取信于人,就必须加盖印章,否则就会失去其合法性和有效性。

2.印章的式样

印章的式样由质料、形状、印文、图案、尺寸等组成。

(1)质料。我国古代官印依品级高低分别用金、银、铜等金属铸成,帝王则用珍贵玉质,象征其地位。近代公章用过角质、木质,现代则多用橡胶和塑料刻制。另有一种专用于贴有照片的身份证明上的钢印。近几年还有将色油或固体色料热压而成的"原子印"和"渗透印",无须印泥可连续使用万次以上。

(2)形状。古代官印为正方形。现代机关、单位公章为正圆形,用于其他公务(如收发、校对、财务等)的印章也有长方形、三角形或椭圆形。领导人和法人代表的印章一般仍为正方形。

(3)印文。按规定,印文应使用国务院公布的规范化汉字,字体为宋体,自左至右环行排列。领导人签名章则由个人书写习惯而定,民族自治机关的公章应并列刊有汉字和当地民族文字。

(4)图案。县以上政府机关、法院、检察院、驻外使馆的公章的中心部位刻有国徽;党的各级机关印章刻有党徽;企事业单位公章则刻有五角星图案。

(5)尺寸。按国务院规定:国务院的公章,直径为 6 厘米;省、部级国家机关的印章,直径为 5 厘米;地、市、州、县机关的印章直径为 4.5 厘米;其他机关、部门、企事业单位公章直径一律为 4.2 厘米(包括边框)。

3.印章的种类

印章按其性质和作用,大致可分为以下 8 种:

(1)正式印章。这是单位的重要印章,也叫公章。这种印章是按照国家的规定,由上级领导机构正式批转、刻制给所属机构使用的。它正式代表其所在机构或单位的法定名称,正式代表其所在机构或单位的权力、凭信和职责。

(2)专用印章。专用印章是各级领导机构或各级业务部门为履行自己的某一项专门性业务而使用的印章。这种印章在印文中除刻有机关或单位的法定名称外,还刻有专门的用途。例如,"财务专用章""毕业生分配专用章""公费医疗专用章""成果鉴定专用章"等。专用章不能代表整个领导机构的权力,只代表印章上刻明的适用范围,超过这个范围就没有法律效力。但是,这类专用印章的刻制,也要经过严格的审批手续,绝不能乱制滥用。

(3)缩印。这种印章是依据正式印章或专用印章按比例缩小所形成的印章,主要用在各类票券上,起凭信作用。例如以前粮票、油票、副食品券、国库券等上面的印章。缩印不能作为正式印章使用。

(4)钢印。这种印章不用印色,利用压力凹凸成形,一般加盖于带有照片的证件上,起证明人身份之用。钢印不能作为文件、介绍信及其他票据凭证的有效标志,也不能独立使用。

(5)领导人手章。这是由领导人亲笔书写,而后按照其真迹成比例放大或缩小刻制的印章。这种印章也叫领导人签名章。领导人手章和个人私章性质不同,它属于机关或单位的专用章一类。它代表一个机关或单位的领导者身份,是行使职权的标志,具有权威作用。它的适用范围很广,如有些凭证不但要有机关或单位的印章,而且还要由领导人加盖手章或签署,才能生效,如合同、协议书、毕业证书、聘书、财务预决算等,都需要加盖领导人的手章。

(6)个人名章。这类印章为一般干部姓名的印章,如文秘人员、文书校对人员的名章,会计人员、出纳人员的名章等。个人名章的作用是代替手写签名,加盖在文件或凭据上以示负责。例如在报表、财务预决算、银行支票、合同等文本或票据上,都要加盖这类印章。

(7)校对章。专门用于校对、勘误文件或表格中个别错误之处,一般刻成"××单位校对章"的格式。

(8)戳记。这种印章主要是为了方便工作,提高工作效率而刻制的。如文件的密级中用的"机密""绝密"等戳记。

(二)印章的保管与使用

1.印章的保管

一般说来,组织的印章大都交由秘书或秘书部门保管。秘书或秘书部门通常要管理的印章有三类:一是本组织的正式印章和钢印;二是本组织领导人的手章(也可由其本人或其委托代理人保管);三是办公室本身的印章(它只代表本办公室的职权范围,不代表整个单位组织)。

印章应予以严格保管,其要点如下:

(1)专人负责。印章是组织的代表性信物,盖印就是组织认可的标志。一般情况下,印章的管理者就是用印者,因此,行政办公室对于保管和使用印章的人员必须严格审查和挑选,选择政治可靠、工作负责、坚持原则的人员对其进行管理。

(2)做好接印登记,管印人接到印章后应做登记,登记主要内容包括印章名称、颁发印章单位、领取人姓名、收到日期、收到枚数、启用时间、主管领导签名、管印人签名等。

(3)妥善保管。按照保密要求,管印人不得委托他人代取代用印章。印章应存放在安全可靠的地方,最好是放在保险柜内,并且要养成"随用随开锁,用完即上锁"的好习惯,以免印章被滥用、盗用,造成不良后果。节假日在存放印章的地方加锁或贴封条。管理人员临时外出时,应把钥匙交给办公室或部门领导人,或指定临时代管人员代管。

(4)注意保养。印章管理人员要定期保养清洗印章,以确保印章耐用、清晰。如因机构变动或组织更名等原因而停止使用原印章,应将其交回制发机关封存或销毁,不能随便弃置。领导人的手章可由本人自行保管,也可由负责人委托的代理人保管。

2.印章使用程序及要求

(1)填写用印申请单,由用印部门负责人审查签字,经单位领导人批准后方可用印。一切用印都应通过专职人员审查,绝不允许随便委托他人代取代用。

(2)在盖印前,必须检查有无单位或单位领导人批准用印的签字,对用印的文件内容与出示证明用途应认真阅览,以免出现差错。同时,还要认真检查存查的材料是否齐全。对各类奖惩、决定、毕业证书、学位证书等,均要检查有无附件。对奖惩、决定、毕业证书、学位证书等用印时,均要检查有无批文或领导人的批复。

(3)盖印要端正、清晰。任何文件和信函的盖印,必须位置恰当。盖印时,其位置通常在文件末尾,年、月、日的中间即所谓"骑年盖月"。为确保印文的印记清晰,使用的印油要均匀,颜色要正红,用力要适度,使盖出的印章端正、庄重、清晰。

(4)要严格登记手续,建立详细的用印登记簿。每次用印,都必须进行详细登记,即使是为了证明某人为本单位的职工,或在包裹里、汇款单上加盖单位印章,也要严格履行登记手续,以备发生意外时查核。登记项目通常包括:用印编号、用印日期、用印单位、经办人姓名、内容、批准人姓名、签署的意见、发往何处、监印人姓名及留存材料等(表 7-1)。加盖印章,必须严格办理印章使用程序。

表 7-1　印章使用登记表

编号	用印时间	用印部门	用印内容	份数	批准人	经办人	备注

(5)领导人个人名章,需经其本人或委托授权人签字同意后方可加盖。

(6)一般事务性的公文、介绍信、便函,可用机关办公室印章。

(7)部门印章使用范围,只限于上下对口业务之间的查询、解答、催办、介绍和一般性的事务联系,一般情况下不对外使用。

(三)印章的停用与销毁

1.印章的停用

印章在该单位名称变更、机构撤销、合并或因其他原因不复存在时,停止使用。停用印章要发文通知有关单位,并在通知中说明停用的原因,标明停用印章的印模和停用时间。停用的作废印章要及时送交原颁发机构处理,不得在原单位留存。

2.印章的存档和销毁

单位原印章停用或封存后,应对所涉及的下属单位、部门的印章进行清理、清查,并将清查结果报告同级领导人或上级单位,视具体情况慎重处理。

机构变动或其他原因而停止使用印章时,应严格按上级规定将印章及时处理。销毁方法有两种:一种是自行销毁;一种是送刻章部门回炉销毁。销毁时都必须报单位负责人批准。

销毁的废旧印章都要留下印模保存起来,以备日后查考。

三、实训

(一)实训任务

印章的使用与管理。

(二)实训目的

熟悉使用印章的程序,能根据不同的目的与要求选择印章。

训练正确使用印章。

(三)实训成果

每组提交一份用印申请表和一份用印样本。

(四)实训指导

(1)申请用印。应填写申请项目、用印数量、用印人、日期、批准人等信息,并审核信息是否完整、清楚,审批手续是否齐全。

(2)用印时要根据用印申请表标示的印章或用印文件的内容选择相应的印章。

(3)正确用印。盖印时,印章应摆放端正,用力均匀,印章完整,印文清晰可见。如果是单页文件,用印时,应在文件下垫些纸张,以保证印章清晰。

(4)用印结束后,应在用印登记簿上进行登记,登记项目应与申请项目一致。

四、相关链接

(一)印章的刻制、颁发与启用

1.印章的刻制

印章刻制必须按照国家的有关规定严格执行。凡单位的正式印章,一律不得私自刻制,只能经公安部门批准后到指定单位刻制,或由其上级主管机关负责制发。单位内部的专用章、负责人印章等可由单位出具证明，然后到指定的刻制单位刻制。

刻制印章时，须由本单位提出申请，报经上级主管领导单位审核批准。报批时，需将上级主管部门同意本组织的批文，连同按有关规定预先拟好的印章式样、尺寸、印文、图案等一并上报。批准后，到组织所在地的公安部门办理登记手续，再到公安部门指定的刻章单位刻制。任何单位未经批准一律不得自行联系刻章，更不得在私人摊贩处刻制印章。

2.印章的颁发

颁发前的检查。按照规定，正式印章刻制完毕，刻制单位一律不得留存章样，也不能擅自先行使用印章。因此，组织从刻制单位取来印章时，应先检查印章的质量是否符合要求，有无被使用的痕迹。如印章版面上沾有红色印泥，应立即报告当地公安部门备案。

颁发正式印章的手续如下：颁发印章必须要有正式行文。通常是向使用单位发布启用公章的通知和启事；使用印章的单位在领取印章时，应派两名工作责任心强的人员持单位介绍信领取；不可派临时工领取。颁发机构要认真验证介绍信，防止冒领；颁发印章的双方应当面验收印章。在验明、确认印章之后，要严格履行登记、交接、签发手续。双方认为手续完备妥当之后，由颁发机构将印章密封并加盖密封标志，交给领取人带回，以保证归途的安全；印章领取人在接回印章后，要及时向本单位领导汇报，待领导验明后，根据领导的指示交给印章管理人员验收管理。

3.印章的启用

启用新印章，应由制发或批准刻制机构颁发启用通知，并于通知到之后方能正式启用，如由新印章取代旧印章。启用新印章后，旧印章同时作废。

印章启用时，使用机构应将印模和启用日期一并报送颁发机构备案，并要立卷归档，永久保存。

(二)印章刻制的相关法律规定

印章的刻制和颁发是一件极为严肃的事情，《中华人民共和国刑法》第280条第1款和第2款规定：伪造、变造、买卖或者盗窃、抢夺、毁灭国家机关的公文、理论依据、印章的，处三年以下有期徒刑、拘役、管制或者剥夺政治权利，并处罚金；情节严重的，处三年以上十年以下有期徒刑，并处罚金。伪造公司、企业事业单位、人民团体的印章的，处三年以下有期徒刑、拘役、管制或者剥夺政治权利，并处罚金。可见，任何机关、团体和企业、事业单位的印章，都不准擅自刻制、颁发。刻制印章，必须严格遵守国家有关文件的规定。

印章的颁发一般采用分级负责的原则。下级机关或单位的印章由上级领导机构批准后刻制颁发，其中公章一般应由上级领导机构批准后颁发给所属机构使用。牵涉两个主管部门的，应由两个主管部门同意后方可刻制。某机关在某单位附设办事机构，并委托其负责具体的业务工作，那么印章的刻制应征得两方领导机关同意。比如某省科委授权某大学具有科研成果鉴定权，需刻制“××大学科研成果鉴定章”，那就要报该校领导同意，双方会同认可后方可刻制。手章和名章则应经本级机关或单位领导人批准同意，指定专人承办刻制。

》（三）案例

小王做得对

某学院的职工周某因办理住房公积金贷款要到学院办公室盖公章。他拿着一张填写了姓名，但无审批意见的申请单，找到办公室掌管公章的办公室主任助理小王，请小王先给他盖上章，等找到领导后再补签意见。小王拒绝盖章。但周某执意要小王先盖章，最后还与小王争吵起来。这时办公室主任进来耐心地向周某解释，并帮助周某联系产业处处长。周某拿到产业处处长签了审批意见的申请单后，小王才给他盖了公章。

点评：小王在没有用印、审批手续情况下拒绝用印是正确的，但是态度可以热情些，并向周某解释清楚。

五、 拓展训练

某市康乐发集团公关部的驾驶员小蒋脾气暴躁，一言不合就挥手打人。有一次他拉了公关部的一些人到广告施工现场，一位施工人员在搬动脚手架时不小心把小车的后转向灯碰坏了，两人吵了几句，小蒋气不过，对施工人员大打出手，将其打伤致残。为此，他被法院判了3年有期徒刑。在即将服刑的时候，有人为他出主意说：“如果单位能证明你现在正在搞科研项目，你就可以保外服刑。”小蒋听后，赶紧写了一份假证明，找到科研部管公章的办公室工作人员小刘给他盖章。小刘因当时较忙，听说是搞科研，也没有认真查看证明材料的内容，就把公章盖了上去。小蒋因此被保外服刑。半年过后，有一次受害人家属在大街上看到他在闲逛，了解了事情真相后，告到法院。法院经调查，知道了事情原委，小蒋被重新送到监狱，而管理公章的小刘，因工作疏忽大意，被单位调离岗位并给予了行政记过处分。

问题：小刘在不知情的情况下误盖公章有没有过错？公章管理人员在使用公章出具证明时应遵循什么样的程序？

任务二 开具介绍信

一、 任务描述

上周，浙江某市晚报报道了该市邱女士买到一包由某市富临食品厂生产的“美味”

牌饼干，在包装中发现了一条黑色虫子，邱女士投诉商场，但商场处理不力，最后投诉到报社。事件经报道后，导致“美味”牌饼干在浙江的销售直线下滑。富临公司了解情况后，火速派市场部经理张伟及两位业务员前往报社处理此事。为了工作方便，他需要公司出具介绍信，办公室主任让周嘉玲给张伟等三人开具介绍信。

二、训前知识

(一) 介绍信概述

1.概念

介绍信是机关、团体、企事业单位因对外联系工作、商洽事务而由派出人员所持有的凭证性信函。在身份证制度不完备的情况下，它往往也是个人的身份证明。介绍信管理是办公室的一项重要事务工作。介绍信与用印工作紧密相连。机关介绍信通常由印章管理人员负责掌管。

2.介绍信的种类

带有机关或单位名称的介绍信，一般按固定格式印刷，装订成册。介绍信有信文和存根两部分。信文交持有人携带，存根留本机关或单位存查。

机关使用的介绍信一般分为党委介绍信、行政介绍信和专用介绍信三种。所有的介绍信都要严格管理、严格控制。

(二) 介绍信的使用与管理

1.介绍信的填写要求

(1)介绍信内容要明确具体，不能含糊笼统。介绍去参加会议的，应写明参加什么会议。介绍去联系工作、商洽问题的应写明联系什么工作、商洽什么问题。不要笼统地写“开会”“联系工作”等。

(2)要填写有效期。介绍信上一般都有“有效期：××××年×月×日止”字样。但是，有的单位往往不填，成了无限期有效的介绍信，这类情况应避免，宁可有效期长一点，但不能不写明有效期。

(3)办公室工作人员要对开出的介绍信负责。若介绍信由别人填写，办公室工作人员要核对，看内容是否明确具体，有没有超出其工作范围，信文与存根记载是否一致等，经检查无误后再加盖单位印章。

(4)介绍信开出后未用，应交回保管人员粘贴在存根上。介绍信持有人将介绍信丢失，应及时报告，涉及重要事项的应及时通知前往办事的单位，防止冒名顶替。对空白介绍信，要严格控制，特殊情况下开出的空白介绍信，用后多余的应归还。

(5)严禁在空白介绍信上加盖印章,在印章使用中发生问题,按“谁批准,谁负责”的原则追究责任,严肃处理。

2.介绍信的印制和保管

正式介绍信通常为专门印制并有编号,如联系一般事务也有以单位信笺代替者。介绍信一般和公章由同一人保管并使用,与公章须同等重视,不可缺页或丢失。

3.介绍信的开具

(1)开介绍信要经过一定的批准手续。审批手续因联系公务内容的不同,分别由有关领导或部门负责人批准。一般来说,使用单位的介绍信,须经本机关或单位的领导人或办公室负责人批准。对于不涉及本机关或单位重要事务的一般性事项,印章管理人员负责掌管。开具介绍信应有编号和骑缝章,存根要与介绍信的内容一致。

(2)严禁开具空白介绍信,同时,严格控制盖有印章的空白凭信、介绍信外流。空白凭信脱离了监印人员的监督,其使用范围、用途不一定符合机关领导人的意图,故一般来讲是不能开具的。但在实际工作中,往往有些确系工作需要,并得到了领导人的同意,这种特殊情况就需履行领导人亲笔签署意见的手续,并尽可能在介绍信上填上事前能够填写的项目,如办事人的姓名、所要办的事项及期限,只留下抬头由经办人员填写,从而使空白介绍信限制在一定的范围内。

(3)对于什么都不填的空白介绍信,更要严格控制,一般工作人员不能开具,当领导人本人需要时可由主管领导批准,开给若干,但尽量少开。同时在开具介绍信时要注明具体用途,不可简单地写上“联系工作”等字。

4.介绍信的使用

凡领用介绍信者须经主管批准,办公室人员不得擅自开具发放。开具介绍信应由办公室人员自己填写领用人姓名、身份、去往何单位、联系何业务、领用日期、有效期限等项,正本和存根必须一致。于落款处及骑缝章上应加盖两次公章。秘书不得委托他人或让领取人自己填写盖章,尤其不得将空白介绍信或单位信笺加盖公章后交给领用人。否则,出了事,秘书要负责任。

使用要有明确的规定,即什么事由谁批,超出规定范围的,应先请示而后办。对于介绍信的批准人应在存根上作记载。有批条的,应将批条粘贴在存根上。

对于一些下属部门较多的单位,办公室工作人员为下级单位开领导机关介绍信时,应检查下级机关介绍信有没有超出职责范围。要把好关,必要时,应交单位负责人审批,并把下级机关的介绍信粘贴在存根上,以备查考。在一般情况下,不直接为下级单位人员开领导机关介绍信。

三、 实训

(一)实训任务

根据"任务描述",开具介绍信。

(二)实训目的

掌握介绍信的要点及要求。

能按规定的工作流程开具介绍信。

(三)实训成果

每组提供一份介绍信正本和存根。

(四)实训指导

(1)审核介绍信使用人申请。审核申请时,要仔细认真地查看申请的具体内容,要求审批手续齐全。

(2)填写介绍内容。填写内容应具体明确,不能含糊笼统,要求存根与信文一致。

(3)盖章。介绍信印章要求落款章、骑缝章齐全,位置端正,印迹清晰,印文完整。

(4)登记。要求使用人在登记簿上登记、签字。

(5)保存存根与介绍信使用申请书。妥善保存存根与申请书。

四、 相关链接

(一)印信管理制度案例

××市统计局印信管理制度

印章是代表机关或单位的信物,是机关在管辖范围内行使职权,在日常业务、往来中起到权威、证明、凭信的作用,因此印信的管理是一项十分重要、严肃的工作。为加强我局印信管理,规范机关办公程序,特制订印信管理制度,请全体同志自觉遵守执行。

一、局印章、专用章、介绍信均由办公室严格管理。

二、使用印章要严格履行手续。

我局印发公文、资料加盖印章,用印人必须出示局领导签发的公文原稿后,方可盖印。用印要端正清晰,位置要符合规范要求。

科室对各专业统计调查单位报来或转报的各类报告单、表格、资料等,需要加盖局印章时，科室领导要先签署意见，经主管领导批准后，由办公室加盖印章。

因人事调动、录用、年终考评、工资调整、离退休等事项需加盖公章，要经局长办公会议（或局党组会）研究决定后，由局长签字批准，办公室方可加盖公章。

基层单位需加盖我局印章时，须经主管领导批准后，方可盖章。

其他用印，要依据职权范围，由主管领导或办公室主任审批。

三、开具介绍信要严格开具程序，符合要求。

（1）开具两栏介绍信、便函时，要先行登记，经本科室领导和主管领导同意后，方可盖印使用。

（2）开具介绍信，要用钢笔或毛笔书写，钢笔用纯蓝或蓝黑色墨水，字迹要工整清晰，不得涂改。介绍信抬头、正文、年、月、日之间距离要符合要求。

（3）介绍信开往单位、被介绍人姓名、职务、人数、办事内容、时间、印章、有效时限等项目，要一应俱全。

（4）在办理涉及人事关系的介绍信和证明材料时，要由局长审批签字后，由办公室开具介绍信。

（5）使用介绍信人员，对介绍信要妥善保管，以防被盗或丢失，不得擅自涂改介绍信或转借他人使用。如发生介绍信被盗或丢失，持信人要及时报告办公室，不得隐瞒；未使用的介绍信应及时交回，不得随意丢弃，违犯者，要追查责任，严肃处理。

四、对印章、介绍信要妥善管理，确保安全。放置设施要坚固，随时加锁，下班或外出时，要关锁门窗，不准将印章带离办公室使用，严禁带印章外出。

五、不准为空白介绍信加盖印章，如有特殊原因，须经局长批准后，才能为空白介绍信加盖印章，并在存根上注明用途和批准人的姓名。

六、严禁印章管理人员利用工作之便，私自用印，如有发现，要追究当事人责任。

七、印、信管理人员要坚持原则，遵守制度，严格按程序办事。对违反政策和规定的，拒绝加盖印章。

八、因各项普查、专项调查成立的机构，印信管理制度由普查（调查）办公室参照本规定制定并执行。

（二）介绍信使用申请表（表 7-2）

表 7-2　某单位介绍信使用申请表

使用人		人数	人
去何处			
办何事			
单位领导签字	年　月　日	单位印章	（盖印） 年　月　日

（三）介绍信样例（图 7-1）

介绍信（存根）

介字第 0003 号

兹介绍　　　等　　　人，前往　　　　　　联系　　　　　　工作。

（有效期　　天）

（盖印）

年　　月　　日

介绍信

介字第 0003 号

________________：

兹介绍　　　等　　　人，前往你处联系处理以下事宜，希望予以接洽协助为荷。

内容：

（有效期　　天）

（盖印）

年　　月　　日

图 7-1　某单位的介绍信

五、拓展训练

本市红光公司的员工张某找到健雄公司经理助理王某，告知王某，他有一笔好买卖，但他是个人身份，对方要求以公司名义与他们签合同，于是张某想借用健雄公司的名义，让王某给他出具一份健雄公司的业务介绍信，等合同签完后就还给健雄公司，并给王某一万元报酬。王某答应后，张某利用从健雄公司借来的业务介绍信，以健雄公司业务经理的身份和健雄公司的名义与大安公司签订了一份钢材购销合同，骗取了大安公司价值 100 万元的钢材。张某将钢材卖掉后，携款潜逃。这一事件给健雄公司造成了信誉和财产上的损失。（胡鸿杰《办公室事务管理》）

问题：请问经理助理王某的做法为什么不对，在开具介绍信时应怎样做？

介绍信_撰写

项目八 办公室后勤工作

前面的话

一个公司的后勤涉及面很广，从公司的车辆房产、花草树木到公司员工的吃喝拉撒，办公室都得管。后勤工作是公司运用的支持系统，虽然不是核心工作，但同样起着重要作用。通过本项目的学习，你将会了解办公室后勤工作的基本操作以及相关的知识，懂得如何做好后勤服务。学习本项目之前，你需要对办公文具、餐饮、车辆管理等方面背景知识。

在任务一中，你将掌握办公用品采购、发放和保管等方面的知识，将学会采购，发放办公用品的技能。目的是让你能完成办公用品的管理工作。在任务二中，你将掌握水质标准、饮食营养方面、车辆调配的知识，将学会订水订餐、车辆管理方面的技能。目的是让你能完成日常生活服务工作。

项目关键词

⊙ 办公文具采购与发放　⊙ 库存管理　⊙ 订餐　⊙ 订水　⊙ 车辆管理

职场导例

张丽彤一上班，市场部的小郑就来领A4纸、荧光笔、铅笔、订书针、回形针和胶带等。张丽彤接过小郑的办公用品申请单，看到没有办公室主任的签字，就要求小郑找主任签字。小郑说，找过了，没有找到，让张丽彤先发放，回头再补签字。张丽彤想也行，就把这些办公用品给小郑了。张丽彤刚发完办公用品，肖副总又让张丽彤复印一些紧要的资料，张丽彤一时忘了登记小郑领用的办公用品，后来小郑又忘记去补办手续。3个月后，工程部要领用办公用品，发现不够，张丽彤觉得很奇怪，每个月底做库存控制统计时，都在控制范围内啊，怎会少呢？并没有发现物品被盗。张丽彤又重新查了一下，在账上查不出什么问题。后来她回忆了近段时间来领办公用品的人，才想起小郑当时领的办公用品没有办手续，也没有入账。现在张丽彤只有启动采购程序了，先申请，后发订购单，来回折腾了两天，才把办公用品买回来，然后送到销售部。虽然这次耽搁没有造成什么损失，但是办公室主任问张丽彤为什么这次急用时才去买。张丽彤只好照实说出原因。张丽彤好不容易解决了办公用品的问题，想不到今天市场部经理到上司那里投诉她派车不合理，让一单生意跑了。张丽彤觉得很冤枉。她认为销售部提前两天申请了用车，他们6人，还要带少量的货，认为把新的商务车给他们没有什么错。而市场部昨天才申请派车，他们一共8个人，新的商务车他们坐不下，而质检部与他们又是同一条线路，让他们拼车也是有道理的，于是让市场部的人与质检部同乘一辆车。后来，市场部与那位客户商谈效果不理想，他们归因于自己坐的那辆中巴让对方对他们产生了怀疑，于是投诉了张丽彤。张丽彤认为市场部没有把生意谈下来与他们坐了那部旧中巴无关。

办公室絮语：办公室后勤工作要做好不容易，一是后勤工作涉及面广，二是服务对象千差万别，难以让每个人满意。案例中，办公室工作人员张丽彤，工作很认真，很辛苦，但偶然的失误，导致办公用品供应不足，被同事投诉车辆安排欠妥。

任务一　办公用品的采购、保管与发放

一、　任务描述

每月20日，是某市富临食品公司规定的办公用品发放日。富临公司将办公用品分为定供用品与特供用品，定供用品不需要使用部门申报，由行政办公室作统一报表送领导批示，然后分发给各部门。特供用品需要由各部门单独申请。公司的定供用品主要是3包A4纸、4盒签字笔和5本告示贴。这个月由于上新项目，工程部要求领取工程绘图纸30张和彩色墨水1套。销售部每个月要打的报表很多，这个月要求领2个碳粉盒。公关部今天又申请了3卷传真纸，客户部则申请了5号信封100个，2号信封150个。这段时间公司的A3纸消耗量很大，每天平均用5包。5月28日，周嘉玲采购了A3纸30包。才过了几天，A3纸就断货了，使用部门为此怨声载道。行政办主任让周嘉玲做好库存控制，保持平均5天的最小库存量，根据库存有选择性地进行重新订购。

二、　理论知识

(一) 常用办公用品的种类和作用

办公室常用的办公用品主要有以下种类：

(1)纸簿类。主要有:复印纸、文件拟稿纸、公用笺、方格稿、备忘录、留言便笺、信封、标签、笔记本、速记本、名片簿等。

(2)笔类。主要有:铅笔、圆珠笔、水笔、荧光笔、白板笔。

(3)装订类。主要有:装订机和订书针、起钉器、剪刀、美工刀、打孔机、曲别针、大头针、长尾夹、胶带、细绳、包装袋和牛皮纸等。

(4)归档用品。主要有:各类文件夹、分隔页、塑料袋、日期戳等。

(5)办公设备专用易耗品。主要有:修正液、修正带、打印机墨盒、光盘、光盘盒等。

(二)办公用品的发放

1.发放办公用品要求

为了避免办公用品浪费,发放时可以采取以下措施:

(1)指定人员发放;

(2)根据单位相关制度定期发放;

(3)制订紧急需要办公用品的处理程序;

(4)完善办公用品领用手续;

(5)办公用品发放后要做好登记与盘点;

(6)定期公布各部门办公用品使用情况,促使大家节约。

2.发放办公用品常用表格

科学设计办公用品发放表格,有利于办公用品保管,办公用品发放表格应根据本领导对办公用品管理流程来设计。下面是某公司的办公用品领用表(表8-1)和发放清单(表8-2)。

表8-1 ×××公司办公用品领用单

编号:

领用物品名称	规格	单位	数量
领用部门:		领用人:	
领用部门负责人:		日期:	
办公室主任签字		日期	

表 8-2 ×××公司办公用品发放清单

时间	领用物品名称	规格	数量	单价	总价	领用人	经办人

（说明：此表原件办公室留存2年，复印件一份送财务部门，与领单一起作为部门划账凭证。）

（三）办公用品的保管

办公用品的保管工作主要是做好办公用品的库存控制。办公用品的库存控制工作主要抓好以下几个环节：

1.做好办公用品的接收

办公室工作人员在收到货物以后，应及时办理进货手续，保证办公用品准确无误地入库、登记、检验、核对，衔接好办公设备和耗材的采购、进货、发货和使用等中间环节。

具体操作要求为：根据订货单和交货单核对货物的质量与数量；按真实数量支付货款；入库登记；更新库存余额；按照规定存储办公用品；适时发放办公用品。

2.完善办公用品库存记录

接收物品后，应立即为每一种物品建立库存卡，用以登记、接收和发放物品，并随时掌握办公用品的库存情况。库存控制卡的内容包括项目、单位、库存参考号、最大库存量、最小库存量、再订货量、日期、接收、发放、余额等（表 8-3）。

表 8-3 ×××公司办公用品库存控制卡

<table>
<tr><td colspan="11">物品名称：　　　　库存号：　　　　存放位置：</td></tr>
<tr><td colspan="11">最大库存量：　　　　最小库存量：　　　　再订货量：　　　　单位：</td></tr>
<tr><td rowspan="2">日期</td><td colspan="2">接收</td><td colspan="3">发放</td><td rowspan="2">剩余量</td><td colspan="4">订购</td></tr>
<tr><td>数量</td><td>发票号</td><td>数量</td><td>代码</td><td>领用人</td><td>订购日期</td><td>数量</td><td>订购单号</td><td>拟收日期</td></tr>
<tr><td></td><td></td><td></td><td></td><td></td><td></td><td></td><td></td><td></td><td></td><td></td></tr>
<tr><td></td><td></td><td></td><td></td><td></td><td></td><td></td><td></td><td></td><td></td><td></td></tr>
<tr><td></td><td></td><td></td><td></td><td></td><td></td><td></td><td></td><td></td><td></td><td></td></tr>
</table>

3.做好办公用品库存数量的控制

办公室工作人员不但要做好管理库存记录，还要对库存物品的数量进行控制，了解库存的余额，对是否需要进货作出选择。库存控制通常是通过大量的实践过程，计算出企业对每种库存物品的需用量，记录在库存卡上。在统计库存数量时，要重点关注以下几个数量：

(1)最大库存量。是一项物品应该存储的最大数量，这个数字的确定是由存储费用、存储空间及物品的保存期限所决定的。

(2)最小库存量。是库存余额达到最小的库存量。当库存达到最小库存量时，应启动订货程序，向供应商紧急订货，以保证货物在很短的时间内就能交货。

(3)再订货量。订货量是由物品的平均使用量、物品交货的时间长短来确定的。当库存余额与再订货量接近时，必须订购新的货物来使货物的余额达到最大库存量，以保证业务的正常运行。

(4)重新订购线计算：重新订购线=日用量×物品发放时间+最小库存量

（四）办公用品保管要求

(1)储藏间或物品柜应上锁，保证安全，减少丢失，储藏需要的面积取决于单位的大小。

(2)各类物品要清楚地贴上标签，标明类别和存放地，以便能迅速找到物品。

(3)新物品置于旧物品的下面或后面，先来的物品先发出，保证物品不会因过期而销毁。

(4)体积大、分量重的放置在最下面，以减少从架子上取物时发生事故的危险。小的物品、常用的物品，如订书针盒等，应放在较大物品的前面，以便于找到和领取。

(5)储藏间要有良好的通风，房间保持干燥，有良好的照明。

（五）办公用品采购程序

(1)选择最优的供应商。选择办公用品供应商时需要从办公用品价格和费用、质量和交货、服务和位置、安全和可靠性等方面进行比较，选择最优的供应商。

(2)填写购买申请表(表8-4)并履行相应审批手续。

表8-4 ×××公司办公用品购买申请表

购置部门： 年 月 日

序号	名称	型号/规格	数量	单位	价格	金额	拟使用时间
采购部门意见			签名			年 月 日	
公司领导意见			签名			年 月 日	
财务审核			签名			年 月 日	

一式二份，财务、部门留存各一份 经办人：

(3)向供应商发出购买需求,提出的需求项目要明确,规格和型号要准确,数量与申报时一致。

(4)办公用品验收、入库,填写入库单(表8-5)。

表8-5 ×××公司办公用单入库单

使用部门: 年 月 日

物品名称	规格型号	摘要	单位	数量	单价	金额

经办人:

(5)将发票以及交货单、入库单和订购单送至财务部门,支付货款。

三、实训

(一)实训任务

办公用品的发放与采购。

(二)实训目的

能正确填写办公用品领用申请表、领用清单、库存卡。

能熟悉办公用品的采购程序,了解重新订购线的计算。

(三)实训成果

每组提交办公用品申请表、领用记录表、办公用品库存卡、采购申请表和入库单。

(四)实训指导

(1)根据"任务描述"的内容,列出物品,按部门分别制作办公用品申请表。

(2)模拟发放办公用品,模拟中要注意对申请单进行审核,查看是否符合公司发放规定。

(3)以发放时间顺序将发放的办公用品录入到办公用品发放表中,同时完成办公用品库存卡相关数据的记录。

(4)利用重新采购线公式,判断重购数量。

(5)制作A3办公用纸的申请表,模拟审批、询价。

(6)完成入库记录,并在库存卡上做相关数据记录。

四、相关链接

(一)订购单

×××公司办公用品产品订购单

甲方:×××公司　　　　乙方:

地址:××市××路××号　　　　地址:××市××区路××号

今甲方向乙方订购如下产品:

货品名称	型号规格	单位	单价	数量	合计
HP惠普51629A喷墨打印机墨盒	51629A	个	170元	5	850
金铁立241(80列)-3打印纸	A4	包	74元	20	1480
益而高胶带座	898M	个	12.6元	30	378
中华铅笔	2B	支	0.5元	48	24
SW688(1+3)2色中性笔	0.38 mm	支	0.78元	100	78
渡边无线装订笔记本	G550 A5 148×210 mm	本	7.2元	50	360
英雄特细包头钢笔	262	支	9元	23	207
统一订书钉	8102	盒	1元	5	5
益而高9117HL文件夹	9117HL A4(8寸单长押文件夹)	个	7.78元	45	350.1
齐心A1180 PP档案盒	A1180 A4	个	16元	67	1072
合计人民币(大写):肆仟捌佰零肆元壹角				小写:¥4804.1元	
提货方式	□自提　□送货　□委托甲方托运	收货人			
付款方式	□现金　□现票　其他:		开票方式	□增值税	□普通税

(二)合理使用办公设备

随着信息技术的不断发展,现代的办公设备越来越多,如电子计算机、激光打印机、传真机和扫描仪等。如何合理使用这些办公设备,从而实现节能降耗,值得我们深思。

正常情况下,一台电子计算机或激光打印机每小时耗电约0.3度,针式打印机相对较低，每小时耗电约为0.1度。目前，某公司现有电子计算机1000多台、激光打印机200多台、针式打印机约400台，按照每工作天8小时计算，这些办公设备每天需耗电近3600度，每月(按22个工作日)用电约8万度。办公室该如何合理利用办公设备呢？

(1)使用办公设备时，根据自己的使用要求开启相应的设备，如打印机，可在需要打印时才开，避免浪费用电。

(2)短时间不使用电脑时，应关闭显示器。

(3)若长时间(如30分钟以上)不需使用办公设备时，请先关闭办公设备，待需要使用时才开启。

(4)下班时请关闭相应的办公设备，如电脑和打印机电源等。

(5)由于激光打印机的打印耗材成本较高，在打印草稿时，建议调整为省墨打印模式。

(6)在不影响打印质量的前提下，尽量采用填充碳粉方式代替更换硒鼓。正常情况下，一个硒鼓通常可以加粉一至两次。

(7)使用打印机或传真机时，请将纸张整理放好，避免由于纸张放置不好而造成打印机损坏，降低维修费用。

(三)某公司办公用品发放流程(图8-1)

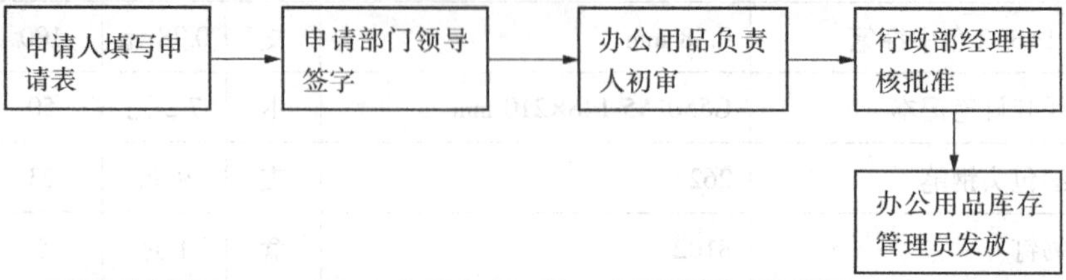

图8-1 某公司办公用品发放流程

(四)职业箴言

“货比三家，有序采购。”

解读：这句话的意思是采购办公用品和我们日常购买物品一样，要多家对比，找到物美价廉、服务周到的供应商，然后按单位的采购流程申请采购。

五、拓展训练

张晴是公司办公室工作人员，周一刚上班，她手头就有很多事要处理。老总让她马上打印一份合同，他下午要用。

张晴正在电脑键盘上忙碌着，研发部的张然敲门走了进来。张然是她的好朋友，平时下班，她俩经常在一起吃饭逛街。张晴停下手中的工作问她：“有事吗？”张然说：

"我到财务室报账,顺便来领两箱 A4 纸。"张晴说:"今天不是公司规定的领用时间。过两天就是 5 号了,到时你再来吧。再说我现在正忙着呢。"张然说:"不行,不行,我等不到那天,纸要用完了,你就帮帮忙吧。"说着,把一张领用单放到了张晴眼前,张晴拿起来一看,说:"不行啊,这单子你们领导还没签字呢。"张然说:"你先让我领了吧,我们经理出国了,要一个礼拜才回来,等他回来你找他补个手续不就行了。得了,得了,快点吧,咱俩谁跟谁啊。"

张晴感到很为难,可是看着张然不达目的不罢休的架势,心想,谁叫我们是好朋友呢?就从库里拿了两箱纸给张然。张然满意地走了。

问题:你怎么看待公司关于领用办公用品的规定?如果你是张晴,遇到上述案例中的情形,应该怎么做?作为职业秘书,在公司中怎样正确处理公事与私事之间的关系?

任务二 订餐、订水与车辆管理

一、任务描述

某市富临食品有限公司一直为公司员工提供免费午餐,他们原来订购的是公司楼下的天祥餐厅的快餐。最近员工反映饭菜质量下降,建议换一家餐厅。他们公司的饮用水购买的是由本地企业生产的"甘源"牌桶装水,刚好下个月到期,需要重新签供应合同。市场部小成申请两辆车,一辆货车运宣传用的物品,物品约 4 吨,另一辆用于市场部经理去拜会本市康利多公司的严总时使用。后勤这一块本来由文员吕梅负责,但是最近吕梅正在招聘员工,没有时间处理后勤工作,宋主任把这些工作交给周嘉玲来完成,并告诉她这几天试几家餐厅的饭菜,如果员工接受,就与这家餐厅订年合同,饮水方面也让周嘉玲去作初步了解。最后,宋主任告诉周喜玲车辆管理按公司有关规定执行。富临食品公司有 5 台车,3 台货车(载重分别是 2 吨、3 吨和 5 吨)、1 台七座商务车、1 台座中巴,目前公司只有载重 2 吨的货车空闲,商务车已经外出。

二、理论学习

(一)订餐服务

为了节省外出就餐时间,同时便于员工在工作之外相互沟通交流,增强员工凝聚力,目前很多公司为员工提供免费午餐。俗话说,"众口难调",做好订餐工作并不容易,办公室人员在为员工订餐时,应注意以下几点:

1.认真考察订餐餐厅的卫生情况

在实现卫生等级评估的地方,可以查看他们的等级,一般绿色表示卫生较好,黄色表示一般,红色表示卫生差,需要整改。同时也可以考察他们的厨房,以及消毒程序与设备。

2.了解餐厅菜的品质与数量

一般餐厅分为快餐、炒菜两类。员工午餐多数订快餐。在准备大量的快餐时,有的餐厅采用小炒的方式,有的采用大锅菜的方式。一般说来,前者的品味比后者好。除了关注菜的品味之外,还要关注每份快餐的分量。

3.经常、广泛地征询员工意见,尽量让大多数员工满意

午饭长期吃快餐容易让人厌食,因此可以选择2~3家作为供应快餐餐厅。这样就可以为员工提供不同口味的午餐了。

4.要求餐厅准时送餐

公司上班作息时间较为固定,因此要求餐厅准时送餐。

5.考虑费用支付方便

最好能采取月结的方式,这方便公司财务管理。

(二)订水服务

1.读懂饮用水检验报告

目前多数单位使用桶装水,订水前要求送水公司出具桶装水检验报告,看检验报告应关注以下几点:

(1)要看清楚送验的时间是否为最近送验的。

(2)了解检验单位的权威性和社会口碑。

(3)具体看每项检查数量,完整的检验报告会列出国家标准和检测数量。只要检测数据高于国家标准,即表示水是安全的,最后看报告的结论,并查看有没有检测人的签名和检测单位的印章。

2.选择品牌与水的种类

目前市场上水的种类很多,有饮用天然矿泉水、饮用天然泉水、饮用纯净水、饮用矿物质水以及饮用蒸馏水等。这些水各有特点,片面饮用一种水不够科学。另外,订购水时要选规模比较大的企业和知名品牌。

3.饮用水辨别

对于送来的水,订购人员辨别饮用水时应注意以下几点:

(1)查看桶装水上是否有QS标志。饮用水已纳入质量安全市场准入管理,所有产品上应有QS标志。

(2)看产品标签:合格的产品标签应清晰标注其产品名称、净含量、制造者名称、地

址、生产日期、保质期、产品标准号等内容。

(3)鉴别水的感官质量:合格的饮用水应该无色、透明、清澈、无异味、无异臭,没有肉眼可见物。颜色发黄、浑浊、有絮状沉淀或杂质,有异味的水不能饮用。

4.饮用水保鲜

饮用水打开后,容易产生细菌,遭到污染。饮用水打开后,应尽量在短期内使用完。饮用水最好存贮在避光、通风阴凉的地方。另外,要坚持每月检测饮水机卫生状况,每3个月应清洗一次。

(三)车辆管理

就企业来说,车辆管理就是对车辆档案、驾驶员档案、车辆调度、车辆维修、车辆费用等方面的管理,目的是提高车辆的使用率,节约用车成本。目前大部分企业采取车辆分类管理方法,即将车辆划分为运货车、业务车,针对不同类型的车辆采取不同的管理方法。

(1)车辆档案管理。主要是指管理车辆的行驶证、机动车登记本、车辆保险合同等档案。

(2)驾驶员档案管理。主要包括驾驶员的身份证复印件、驾驶证复印件和驾驶员信用担保等方面的文件。

(3)车辆调度管理。主要是指管理人员根据用车需求对车辆当天的使用进行安排调配。这是办公室车辆管理的主要工作。

(4)车辆维修管理。包括定期对车辆保养和安全检查、对车辆故障进行修理,目的是保证用车的安全。

(5)车辆费用管理。包括对车辆所产生费用报销以及成本控制。

(四)车辆调度的原则与过程

1.车辆调度的原则

办公室人员进行车辆调度时,应遵循下列原则:

(1)先申请后使用原则。车辆调度人员应要求需要使用车辆的部门先提出申请,等有关领导审批后再派车。

(2)综合统筹原则。一般情况下,可以按递交申请单的先后顺序安排车辆,但也要考虑办理事务的轻重缓急,安排车辆时应优先考虑重要且紧急的事务。

(3)适合性原则。车辆调度人员应根据申请出车的目的、人数、距离、驾驶人员以及车辆用途等情况安排合适的车辆出行。

(4)留有余地原则。一般情况下,不要一次将车辆派完,尽量留有备用车以应急需。

(5)经济高效原则。车辆调度人员安排车辆出行时,应考虑用车成本和用车效率,同一线路不重复派车。在畅通的原则下,尽量选择无收费道路,严格把控用车时间。

2.车辆调度的程序

(1)车辆调度一般采用的程序为：

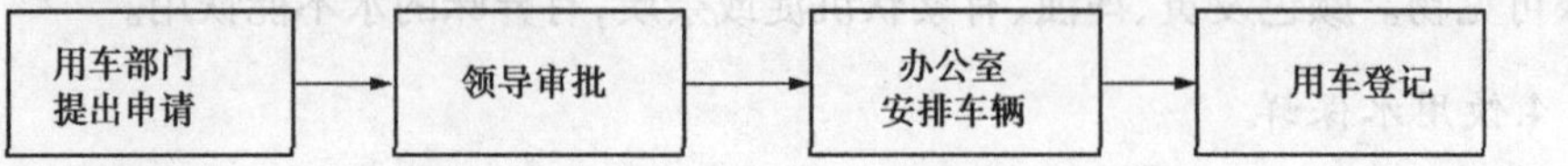

(2)派车申请单(表 8-6)

表 8-6 ×××公司派车申请单

编号：

领用物品名称	规格	单位	数量
领用部门：		领用人：	
领用部门负责人：		日期：	
办公室主任签字		日期：	

三、实训

(一)实训任务

调度车辆。

(二)实训目的

掌握车辆管理调度的基本要求。

能统筹安排车辆出行。

(三)实训成果

每组提交一份车辆用车申请单,以及车辆调试说明。

(四)实训指导

(1)认真阅读“任务描述”,分析用车意图。

(2)制作用车申请单,填写相关内容。

(3)安排车辆,车辆号牌自拟,并给出安排理由。

(4)安排车辆时,要考虑不同车型的特点、用途。

(5)制作用车明细表,登记相关信息。

四、 相关链接

(一)职业箴言

“民以食为天,食以安全为先。”

解读:这句话说的是食品安全问题,无论是快餐和饮用水,都涉及每个员工的身体健康,因此预订时首先要考虑食品的安全性。在保证安全性的条件下,才考虑其他情况。其实这句也可以用到邮件服务上。寄快递也要考虑安全性问题,不要选择那些经常丢失或损坏邮件的公司。

(二)公司车辆管理制度

为加强企业财产保管,规范员工用车行为,提高机动车使用效率,特制定本规定:本规定适用范围为公司全体员工。

第一条　车辆管理

1.公司车辆的证件执照及车辆用车申请表由×××负责管理。×××负责定期车辆维修、检验、清洁等。

2.所有公用车辆钥匙交归办公室统一管理。

3.公司人员因公事用车须提前向办公室申请;办公室依顺序派车,不按规定填写申请者,不予派车。

第二条　车辆使用

1.使用人必须具有驾照。

2.公务车不得借予非本公司人员使用。

3.使用人于驾驶车辆前应对车辆做基本检查(如水箱、油量、机油、刹车油、电瓶液、轮胎、外观等),如发现故障,配件失窃或损坏等现象,应立即报告,否则最后使用人要对由此引发的后果负责。

4.驾驶人须严守交通规则。

5.驾驶人不得擅自将公务车开回家,或作私用,未经允许,违者每次将受50元罚款。

6.车辆应停在指定位置、停车场或适当、合法位置。

7.使用人应爱护车辆,保证机件、外观良好。遇雨雪天气,用过后应将车辆清洗干净。

8.用车须填写“车辆使用申请单”,写明用车原因,如私人目的的借用公车,必须注明“私用”,并经总经理核准后方可使用。

9.私用时若发生事故,而致违规、损毁、失窃等,于扣除理赔额后全部由私人负担。

第三条　车辆保养

1.车辆应由指定特约维修单位保养维修。

2.车辆于行驶途中发生故障或其他耗损急需维修或更换零件时，可视实际情况需要进行修理，但无迫切需要或修理费超过若干标准，应与企业领导联系请求指示。

第四条　违规与事故处理

有下列情形之一的情况下，违反交通规则或发生事故，由驾驶人负担，并予以记过或免职处分。

1.无照驾驶。

2.未经许可将车借予他人使用。

3.违反交通规则，其罚款由驾驶人负担。

4.因公出车发生意外事故造成车辆损坏，在扣除保险金额后再视实际情况由驾驶人与公司共同负担。

5.发生交通事故后，如需向受害当事人赔偿损失，经扣除保险金额后，其差额由驾驶人自负。

五、拓展练习

收集一份饮用水检测报告，读懂其数据。

办公室车辆管理

项目九 上司出差服务

前面的话

上司出差是公司对外交流的重要方式，上司出差顺利会让上司在外地工作更从容，也更高效。 上司出差的服务工作是办公室人员服务上司的重要内容与职责之一。 通过本项目的学习，你将会了解上司出差的准备工作，陪同出差时须知哪些工作，上司出差返回后要做哪些方面的工作。 学习本项目之前，你需要有一定的旅行知识、交通知识。 如果你曾经有过自助旅游的经历将有助于你完成本项目的学习。

在任务一中，你将了解到上司出差准备工作的内容，将学会如何订票订房、安排交通、制订出行计划等工作。 目的是让你能周到地做出上司出差的准备工作，达到让上司放心出差的效果。 在任务二中，你需要掌握陪同出差要完成的工作以及注意事项，了解上司出差回来要做哪些工作。 目的是让你具备较强的在上司出差途中的服务能力与服务意识。

项目关键词

⊙ 制订出差计划 ⊙ 行程与交通安排 ⊙ 订酒店 ⊙ 陪同出差工作 ⊙ 出差费用报销

职场导例

某市天×云公司总经理刘向准备下个星期到昆明参加“昆明家用电器展销会”，同时约访公司的重要客户昆明时代公司的历总。办公室主任让助理马晓莉负责此项任务。马晓莉是文秘专业毕业，通过一年的工作与学习，办公室的日常工作她能应对自如。不过自从成为经理助理以来，她感到很多工作与以前不一样，有许多工作以前没有接触过，比如上司的商务旅行，以前最多也就打个电话预订酒店，或通知分公司安排接站。这次要全面负责上司整个商务旅行，对她来说还是头一次。马晓莉赶紧找了一本专业书来看，才知道关于上司商务旅行的工作真多。马晓莉首先制订了这次刘总的商务旅行计划：

10月8日上午8:00,刘总从公司到达广州机场。

10月8日上午11:00,刘总到达昆明机场。

10月9日,休息。

10月10—11日,参加昆明家用电器展销会。

10月12日,上午拜访时代公司历总。下午返回。通知司机接机。

刘总看了这份“旅行计划”,摇了摇头,让马晓莉回去重新做,同时告诉她要她一同前往昆明,去时乘火车。

马晓莉修改后的计划得到刘总确认后,便马不停蹄地打电话到代办点订了两张火车票。然后,她准备了刘总的讲话稿、名片、出差用品、公司宣传单等。当10月7日取回票时,发现两张都是上铺票。她询问代办点为什么她要的是上、下铺各一张票,现在拿到的全是上铺。代办点的人告诉她因为现在可以提前10天订火车票,所有的下铺票早卖光了。马晓莉只能将情况告诉了刘总,刘总一脸不高兴。好在上了火车后,马晓莉通过与其他顾客交换换到了一个下铺位。

10月9日凌晨5点,火车到达昆明站,火车晚点1个小时。马晓莉和刘总出站后找不到酒店来接的车,打电话到酒店,酒店说接他们的车凌晨4点到了火车站,等了1个小时,没有等到人,司机接其他人去了,要他们再等半个小时。刘总不想等,自己打的到酒店。

9日上午,刘总在酒店休息,马晓莉也在酒店睡觉。到了下午,刘总说要找中国银行办事,他们走了几个街口才找到,可是在他们返回时,发现酒店后面就有一家中国银行。

10—11日,马晓莉陪同刘总参观电器展,这天参观者很多,马晓莉与刘总进场不久就走散了,到了中午时才找到对方。

12日上午,马晓莉陪同刘总去拜访历总。到达历总公司后,马晓莉发现应给历总的资料找不到,资料袋里只剩下交换来的各参展商的资料。

12日晚上,马晓莉与刘总乘飞机返回广州,由于马晓莉忘记告诉后勤部的人有多少件行李,后勤部只派了一辆小车来接站。由于行李太多,马晓莉与刘总只能挤着回家。

一周后,刘总要马晓莉把出差的后续工作完成,马晓莉一脸迷茫,不知道做些什么。

问题:马晓莉在安排商务活动中出现了哪些问题?请你归纳出马晓莉工作中的不足,并列出解决的对策。

办公室絮语:出差是一件辛苦的事,在生活环境改变的情况下,还要在短时间内完成大量的工作。尤其是没有助手陪同的情况下,大量的工作都要上司亲力亲为,更为辛苦,因此办公室工作人员有必要为上司出差做好充分准备工作。案例中,马晓莉虽然其他办公室事务做得很多,但在这次安排上司出差方面则还有很多不足:最初制订出差时没有与上司沟通,后来所购的票座位不好,陪同参展时又走散,最后返回时,接站车大小。这些事情虽然不是大事,但也一样给上司出差带来烦恼。

任务一　出差前的准备工作

一、任务描述

星期三上午,人事部主任宋仲豪把办公室文员周嘉玲叫到办公室,告诉她后天(3月4日)要去上海徐汇区出差,随行的还有研发部经理小王。出差时间4天,主要内容有:检查分公司的工作,并与公司员工开会,传达公司精神。3月5日,到浦东区参加上海化妆品发展高峰论坛并作发言;6日上午,参观上海精采化妆品公司,6日返回深圳。宋主任要她做好出差的准备工作。

二、理论知识

(一)上司出差准备工作

(1)了解上司出差的时间地点、出差意图以及随行人员等相关情况。

(2)根据上司的要求和出差目的,制订出差日程表。

(3)在网上搜索了解机票(车、船票)的相关情况。

(4)了解了机票(车、船票)的相关情况后,收集出差人员的身份证号,根据单位的出差规定,预订机票(车、船票)。

(5)在预订机票(车、船票)后,通知出差人员做好出差准备工作,并告之机票(车、船票)情况,同时将这些信息用短信的形式发给出差人员。

(6)根据上司的工作安排和出差目的,整理出差时需携带的文件与物品,并列出清单。一般而言,商务出差的物品主要有商务活动文件(如合同、协议书等)、差旅资讯资料(地图、航空火车时间表、旅行指图等)、办公用品(如笔记本电脑、U盘、文件夹、照相机等)和个人物品(如身份证、信用卡、替换衣服)等。商务文件材料可用不同颜色资料袋装好,避免弄混。

(二)编制出差计划和日程表

在上司出差之前,办公室人员要为上司制订出详细周密的出差计划。出差计划可以从以下几个方面着手:

(1)时间:包括出差出发时间、返回时间、抵离时间、中转时间、各项活动的时间以及出差期间就餐休息时间。

(2)地点:包括抵离目的地、中转地、住宿活动地点以及就餐点等。

(3)交通工具:包括出发返回的交通工具、各项活动中的交通工具。秘书要了解飞机、火车的班次情况,以及各项活动中车辆安排情况。

(4)其他事项:在出差中除了商务活动之外的一些活动,如娱乐活动、私人性事务活动等。

旅程表除行动计划外,还应将相应项目尽量详细写入必要的情报:

①旅馆名、所在地、电话号码;

②当地的联系人名、地址、电话号码;

③企业名、所在地、电话号码;

④海外出差时当地的中国大使馆所在地、电话号码等:出差计划表一式2份,一份存档,给上司外出使用。

出差计划表可参考表9-1。

表9-1 ××公司张总经理出差计划表

日期	时间	交通工具	入住酒店	事项	地点	用品	温馨提示	其他
7月1日	9:00—11:00	飞机	圣廷苑酒店	飞往深圳	红荔路158号	携带机票与身份证	当地气温30度,有阵雨。	酒店电话:0755-3245×××
	14:0—17:00	步行		考察华强北电子市场	华强北路	照相机		
7月2日	全天	出租车	圣廷苑酒店	参加高交会	深圳会展中心(福民路)	名片、相机	阴天	叫车电话:96651
7月3日	全天	出租车		走访深圳高新区	南山科技园	地图	晴天	
7月4日	9:00—11:00	广深动车	天河四海酒店	前往广州	天河区东晓路99号	携带个人行李	最早一班6:30,每15分钟一班	乘站点:深圳罗湖站
	14:00—17:00	出租车		与天都公司谈合作	天河区中山路5560号	合作协议书、印章	下午有雨	天都王总电话:13543333×××
7月5日	9:00—12:00	飞机		返回长沙				

(三)预订酒店

1.酒店预订流程

查询地区酒店→确定入住酒店→提交定单→确认回函→预订成功。

2.酒店查询

(1)在酒店订房网站上查询相应酒店,如携程网、同程网都能代订酒店。

(2)通过邮政黄页或搜索网站查找。

3.预订方式

方式一:在线预订酒店

(1)选择适合的酒店房间。

(2)查看酒店信息,点击预订。

(3)根据提示,填写预订要求。

(4)根据提示,输入个人信息。

(5)提交订单,查看收到的预订信息,如果没有收到确认信息,需要电话咨询酒店客服。

方式二:用电话或传真预订酒店

如果您不习惯以上所列方式,也可以利用电话进行报名。

(四)购买飞机票、火车票

1.购买飞机票

(1)购买飞机票时须先取得乘机人的有效证件(中国居民的居民身份证、外国人的护照、中国台湾同胞的“台湾同胞旅行证明”、中国港澳同胞的“港澳同胞回乡证”等)。

(2)登录购票网站,查找航班信息,然后根据上司出差要求选择航班,并完成网上支付。

(3)机票订好后,需要进一步核对信息,并将通知短信发给相关人员。

2.购买火车票

(1)取得出差人的身份证号。

(2)对火车班次类型有清楚的了解,目前火车类型主要有快车(K 字头)、特快(T 字头)、动车(D 字头)和高铁(G 字头)。

(3)登录 12306 网,查找班次信息。

(4)根据上司的要求订票并网上支付。

(5)火车票订好后也需要核对信息。

三、实训

(一)实训任务

为上司出差作前期准备。

(二)实训目的

能制订上司出差计划。
能为上司出差准备好必要的物品。

(三)实训成果

提供一份出差的计划与物品清单。

(四)实训指导

(1)充分与上司沟通,了解上司这次本地商务出行的目的、时间、地点以及随行人员等情况,了解上司本地商务出行要参与的活动。

(2)根据活动轻重缓急以及途经线路制订本次的出行计划。

(3)确认商务计划表,可小组之间交换计划表,分析计划表在时间、活动安排上的合理性。

(4)编写信息,通知随同上司出行的人员做好出行的准备工作。

(5)安排交通工具。办公室工作人员应提前安排送行的车辆,并将掌握的交通、天气信息告诉给送机的司机。

(6)列上司出差携带的物品时,可按商务活动文件、办公用品、私人用品等分类列出。

(7)计划表中要为上司安排就餐。

四、相关链接

(一)职业箴言

“周全的准备工作可以让上司旅程变短。”

解读:这句话说的是助理人员为上司出差作充分的准备,可以让上司出差过程变得顺利,不会感到出差的辛苦,感觉旅程变短一样。这强调的是助理的准备工作非常重要。

（二）案例

下周某市大河镇精工印刷科技公司孙总要到市内出差，办公室主任让助理曾莉负责安排。曾莉与孙总沟通后，先制作了一份出行安排表，然后又准备了孙总所要的资料，并分别装袋放在孙总的行李包中。出发前一天，又告诉司机孙总明天要外出，提前洗好车、加好油。曾莉自以为孙总出行的安排工作全部做好了。想不到在送出行计划给孙总时，孙总问她，同发路修得怎样，有没有通车？

曾莉一时哑口无言，赶紧回到办公室上网查找，同时咨询几位平时开车上班的同事。费了两个小时，才把去市内的交通情况告诉了孙总，曾莉暗暗松了口气。谁知老总又问她有没有新的名片，他要带一盒去。

曾莉感叹今天的运气怎么就这样差。孙总名片原来印了很多，前段时间她还嫌没有地方放，可是就在这个节骨眼上没有了。于是曾莉赶紧通知后勤部紧急印刷，好在公司有微型名片机，又有现成的版本，两个小时后就完工了。

第二天，孙总走到半途中，打电话给曾莉，叫她把办公室那台笔记本电脑送去。曾莉当时特别忙，现在又要让她往市里跑，她感到要崩溃了。但是，没有办法，这是孙总的命令，曾莉只好将其他工作放下，先将电脑送到市里。在曾莉将笔记本电脑交给孙总时，孙总还责怪她不提醒他带电脑。

点评：上司这次出差，虽然距离和时间较短，但还是需要做好充分准备工作。一般说来，上司在本市出差的准备主要有物品准备、信息准备（如办事流程、交通信息、气象信息等）。经验不足的工作人员常常忽视信息准备工作。曾莉在为上司出差作准备时，没有充分与上司沟通好需要携带的物品，同时也忽视了信息准备。

五、 拓展训练

王欢是深圳市科××有限公司办公室工作人员，张斌总经理下周要陪同良光公司李总等一批高管去市郊踢足球。张总把这次活动所有的安排交给了王欢去办理。王欢根据外出应酬的一般原则，安排两位老总周五去金健球场踢球，王欢把这个时间告诉了李总，李总也同意了。王欢很快就制订了出行计划，给了张总经理，张总当时很忙，并没有认真看，只粗略看了活动时间以及经费预算比较合适，就批了。王欢按计划预订了足球场，然后，订好中午宴请的酒店，并告诉车队周五张总要出车。可是到了周五这天，早上下起了阵雨，好在张总出发时，天开始放晴。上午 9 点，张总准时来到球场，可是球场管理员说，目前球场积水较多，不宜踢球，如果要踢也要等段时间。张总与李总等一行人只好先到会所休息，可是这天来的人很多，会所包房早被别人订了。由于王欢没有预订包房，张总与李总等人只好在会所的大堂等。到了上午 11 点，球场开放，张总与李总也进场了。在打球过程中，张总一不小心，脚踩在水坑中，鞋与裤脚边全湿了。张总想回去换一双鞋，可是发现没有多带鞋。这时李总提议，球场没有干透，不打了,他们直接去了酒店吃饭。

问题:请你分析秘书王欢在上司外出日程表安排上存在哪些问题?如何避免?

任务二 陪同出差及出差善后的工作

一、 任务描述

8月的一天,周嘉玲要求陪同陈总经理等5人到杭州出差。周嘉玲很开心,因为她一直想去杭州,很向往西湖泛舟的体验。当周嘉玲一行到达酒店之后,周嘉玲拿着自己的行李走在前面,以至于杭州的客人把她当作惠美公司经理。下午,陈总等5个领导去化妆品厂家考察。他们走后,周嘉玲也离开酒店,直接去了西湖。等到陈总回到酒店问周嘉玲今晚准备在哪里用餐时,周嘉玲还在回酒店的路上,估计还有1个小时才能到,最后几位领导自己找地方吃饭了。第二天,陈总他们要与客户谈代理产品的事,需要一份对方的资料,可是周嘉玲找了半天都没有找到,只好到酒店商务中心重新打印一份。返程的这天,上午没有什么活动,陈总问周嘉玲酒店周边有没有特产店,想去买点。周嘉玲一问三不知,因为这几天她只要有空就去各景点了,根本没有关注酒店周边的情况。

回到公司后第二天,陈总对周秘书说:"小周,这次出差的后续工作,你处理一下。"周嘉玲应了下来,但她并不清楚出差后续工作需要做什么。

二、 理论知识

(一)上司出差期间助理的工作

(1)上司出差动身之前,助理应安排好送站的车,将掌握的交通路况告诉司机,同时查看上司需要带的物品是否有遗漏。

(2)启程之后,如果对方有迎接人员,可以通知对方接站班次和时间。

(3)做好打给上司的电话记录,如果是紧急事务,直接向上司汇报。

(4)处理因准备上司出差而耽搁的工作。

(5)整理上司出差期间收到的信件。信件按时间编号,夹在文件夹中。如果上司出差时间长,可以打包邮寄给他。

(6)跟踪上司出差的信息,经常与上司保持联系。

(二)陪同旅行时助理的工作内容

(1)安排好住宿与交通工具。到达机场或火车站后,助理应联系接送车,或引导出差人员到出租车乘车点。

(2)到达酒店后,助理需要办理酒店入住手续,并帮助领导把行李送到客房。领导出差期间使用的车辆和交通路线,助理也尽早安排。

(3)安排访问、会谈、宴请等商务活动。如果出差期间上司有访问、会谈或宴请,助理要事先安排好。

(4)收集和保管好差旅过程中产生的票据。

(5)保持与本单位的联系。在陪同上司出差过程中,助理每一天至少与本公司联系一次,将上司需要知道的情况告之上司。

(6)看管行李。上司外出时,助理还要帮助上司看管行李,尤其是携带了重要文件或物品时,更要加强保护。

(7)做好出差日志记录。助理可以将每天的情况记录下来,以便于返回后写出差总结。

(8)出差将要结束时,助理要通知单位司机做好接站准备;另外还要帮助上司整理差旅资料、收拾行李,结算酒店住宿费与伙食费等。

(9)返程时助理应向出差目的地有关单位和个人告别。

(三)助理陪同上司出差注意事项

1.风头不能高过领导

出门在外,助理要清楚自己的身份,是上司完成对外商务活动的助手,所以在商务场合不要抢上司的风头。在穿着打扮上不要太过耀眼,别让客户的眼光都聚在你的身上而忽视了上司。在日程安排、酒店确定、合同谈判等环节不要乱发言,多听取上司的意见。

2.不在上司面前揭人短

与领导出差时,谈论某个人时,应多说别人的优点,尽量不说别人的不足,更不能去中伤别人,这样才能体现你的宽容、大度。

3.适当展现自己特长

如果去的那个城市刚好是你熟悉的,那不妨在工作之余陪上司多逛逛一些景点或有特色的地方,这个时候,你可以尽情展示自己的口才及热情,这也是联络感情的好时机。

4.注重细节

有时助理与上司是同性别,会住在一个双人间中,遇到这种情况要注意礼貌,在细节处关心上司。如让上司先洗漱,若上司谦虚推让,自己用完卫生间后一定要打扫好卫生。如果是单间,在休息时最好跟上司打个招呼。

(四)上司旅行后续工作

如果没有陪同上司出差,上司回来后,助理应做以下工作:

(1)向上司汇报他出差期间公司的运营情况。

(2)整理上司带回来的各类资料和物品。

(3)代上司整理各种出差票据,到财务部门报销。

(4)帮助领导完成出差报告;向出差期间接待过上司的单位致谢。

三、实训

(一)实训任务

安排并陪同上司商务旅行。

(二)实训目的

能做好出差陪同工作。

能做好结尾工作。

(三)实训成果

列出陪同出差工作内容,并提交差旅报销单。

(四)实训指导

(1)阅读"任务描述",列出周嘉玲在陪同出差过程中的行动,分析哪些是错误的。

(2)小组根据实际情况,写出正确的陪同出差的工作内容。

(3)将收集的出差票据分类,粘贴。

(4)制作报销凭据。要求正确计算清楚总额,总计中注意数字要大写。

四、相关链接

(一)职业箴言

"陪同出差等于在上司的聚光灯下活动。"

解读:这句话的意思是在陪同领导出差的过程中,多处于放松状态,加上长时间与上司待在一起,助理的一言一行会全部暴露在上司面前,上司也会依此对其进行审视。所以陪同领导出差时,应遵守礼仪,提高服务领导的意识。

(二)案例

王经理要求秘书小陈下周三陪同自己去上海出差,在出差之前小陈做了一份出差行程表。在得到王经理的认可之后,她按照行程表的规划提前了解了交通情况,经过对比之后，小陈定了飞机票，然后她又收集了出差需要的资料，接着了解入住酒店的环境，预定了套间，还去财务部了解了报销事宜。出差时，小陈工作时间一直陪同在王经理身边，安排交通与餐饮，联系要考察的企业，在上司与客人交流时也是少说多记，并且还利用在上海的关系，帮助上司联系上一家大企业，并有望成为潜在客户。闲暇时间，小陈又了解了酒店周边的情况，同时对上海的同行业情况作了初步的了解。

出差回来后，小陈马上回办公室整理了出差期间的各种单据，到财务处报销，并将带回来的各种资料归纳整理，将出差过程中的事情写成出差报告，最后以王经理的名义写一封感谢信发给合作的公司。

点评：这个案例中，小陈表现出了较好的职业素养，出差前做好计划，准备物品陪同出差，少说多做，并利用自己关系为公司发展出力，出差回来后又做好善后工作。

（三）出国旅行手续的办理

1.办理出国申请

出国申请应包括以下内容：出国事由、出国路线、出国日程安排、出国组团人数等。申请文书后面要附上出国人员名单，写清楚出国人员姓名、年龄、性别、职务、职称，还要附上外国公司发出的邀请函。出国申请书写完后，经公司领导审阅无误后呈递给当地公安局出入境管理处办理相关手续。

2.办理护照

护照是各主权国家发给本国公民出入境以及去国外旅行居留时证明其国籍和合法身份的证件。因此，凡是出国人员必须持有护照。我国的护照分为外交护照、公务护照和普通护照三种。各种护照都由外交部及其授权机关办理。

在办理护照时应特别注意以下事项：

(1)带齐有关文件和证件，包括：主管部门的出国任务批件，出国人员政审批件，外方的邀请函，出国人员的身份证、照片等。

(2)认真填写有关卡片和申请表。

(3)拿到护照后，一定要认真检查、核对每位出国人员的姓名、籍贯、出生年月和地点等，如果是组团出国，还需特别注意护照上的照片与本人及姓名是否一致，有无授权发照人的签字及发照机关的印章，发照日期和有效期有无问题，对使用旧护照再次出国者应特别注意其有效期，若已过期，必须申请延长，出国人员是否在持照人栏目里签字，等等。

3.办理签证

护照办理完毕，还要申请所去国家(地区)和中途经停国家的签证。签证是一国官方机构对本国和外国公民出入国境或在本国停留、居住的许可证明。签证一般贴在护照上，也有的附在其他身份证件上。如果前往未建交的国家，则将单独的签证与护照同时使用。我国的签证一般做在护照上。

4.办理“黄皮书”

“黄皮书”即“预防接种证书”，因为它的封面通常是黄色的，所以惯称“黄皮书”。黄皮书，是世界卫生组织为了保障入出国境人员的人身健康，防止危害严重的传染病，通过入出国境的人员、交通工具，货物和行李等传染和扩散而要求提供的一项预防接种证明，其作用是通过卫生检疫措施而避免传染。

中国的黄皮书统一由中华人民共和国卫生和计划生育委员会印制。申请人出入国境，需要办理黄皮书，一律由各省、自治区、直辖市的卫生检疫局签发和注射疫苗。

5.办理出境登记卡

在办妥上述各项手续后，秘书再携带出国人员的护照、户口簿、居民身份证办理临时出国登记手续。护照第一次使用时需出示出境登记卡。出境登记卡由发照机关在颁发护照时同时颁发。持照人第一次出境时，需核对持照人所获得的签证是否与出境登记卡上载明的前往国家是否一致。如不一致，则不能出境，需向发照机关申请更换出境登记卡。

6.时差的换算

国际规定以英国格林尼治时间（GMT）为标准时间。地球的两个半球分为东八区和西八区，东八区时间比 GMT 早，西八区比 GMT 晚。通常计算是以经线划分，即格林尼治以东，每 15°加 1 小时，以西，每 15°减 1 小时。对于出国人员来说，调整时差必不可少。

五、 拓展训练

刘晓红刚上班，总经理要求她陪同前往上海出差。刘晓红虽然平时经常在经理的身边，但由于她和总经理不在同一办公室办公，真正单独相处时间不多。这次出差刘晓红有 7 天时间与经理单独相处，她心里有点怵。再加上她以前不负责这块工作，对出差事务不是很懂，一个上午她都很纠结。

问题：请你用 PPT 的形式，告诉大家如何做好陪同出差工作。

旅行安排

项目十
办公室值班与考勤工作

前面的话

在一些单位，由于某种需要，办公室还会要求值班，其目的是保证单位在非上班时间有人在遇到突发事件时能及时处理或者向上级报告。另外，还有些单位为了节省成本，办公室还要承担起部分人事工作，比如员工招聘与考勤，有些单位干脆把行政管理办公室改称为“行政人事部”。将所有的人事工作放在行政办公室。所以学点人事管理方面的知识是有必要的。

在任务一中，你将会掌握办公室值班工作的主要内容，能合理安排值班工作，并完成好交接。该任务的目的是让你能将办公室的值班管理工作做好。在任务二中，你将学会完成考勤的统计，并以此制作考勤报表。其目的是让你能完成单位内最基本的人事管理工作。

项目关键词

⊙ 值班工作内容　⊙ 值班人员安排　⊙ 考勤报告制作

职场导例

陶青青是某市时庆科技有限公司行政人事部的一名员工，她除了负责办公室的接待工作外，还负责公司的值班和考勤工作。由于她为人热情，工作认真、细致，很受同事的喜爱。她最大的缺陷就是办公室工作经验不足，经常会出一些小问题。

中秋节快到了，公司准备放两天假，因中秋节是周二，公司决定将周日的休息时间调到周一，也就是公司放假时间为中秋节当天和节前一天。为了增强员工的归宿感，公司决定在中秋节当天上午搞拓展活动，中午聚餐，具体工作由行政办负责，最后将任务交给了陶青青。陶青青接到任务后，很快就做出了安排，然后联系餐厅、车辆的相关负责人，最后还安排了两三个节目助兴。中秋节很快就到了，上车前上司问陶青青有没有安排值班的人员。陶青青一听就愣住了，由于忙着策划活动，把自己负责的工作给忘记了。于是，她先问几个同事是否能留下来值班，几个同事脸有难色，最后陶青青只好自己留下来值班，把活动的主持工作交给同事何玉琼。由于何玉琼临时接手，去的时候多花了40分钟才找到搞拓展活动的地方，好在后来的活动在何玉琼的主持下，进行得顺利。第二天因是调休，值班工作理应按原计划进行，可是当值人小柯以为中秋节值班是另行安排，所以一早就去了外地，等到带班领导打来电话查问时，陶青青才知道小柯没有去值班，陶青青赶紧联系小柯，小柯表示在外地无法回去。陶青青自己也在外地办事，无法赶回去值班，她打了一轮电话后，最后何玉琼表示愿意去替小刘顶班。

月初，陶青青又要做考勤报表了，由于公司采取打卡上班，所以每个人的出勤天数和加班很清楚，陶青青很快统计出来了，然后又找出本月的各种请假条，最后做出了考勤报表，交给了上司，上司核查以后，告诉她何玉琼的考勤有问题让她再复查一次。何玉琼报表中记录：应出勤天数20天，实际出勤17天，加班4小时，丧假3天。陶青青再次找出何玉琼的考勤卡，考勤记录如下：第一周共5天全勤，没有加班；第二周共5天全勤，另加班4小时；第三周前两天中秋节放假，剩下共3天全勤；第四周2天全勤，加班半天；第5周(9月30、31日)两天全勤。她的请假条有1张，在第四周请假3天回家为堂叔筹办丧礼。

办公室絮语：考勤是一个单位最基本的管理方式，对考勤的管理不仅是办公室的日常工作，而且是保证单位正常运转的重要手段。在很多单位，个人考勤还与经济挂钩，因此办公室的考勤工作要做到细致无误。案例中，陶青青虽然工作能力强，但是对考勤工作还是重视不够，导致考勤报表出错。

任务一　日常值班工作安排与交接

一、任务描述

周嘉玲完成了顾总出差的准备工作后，以为可以休息一段时间。刚好元旦长假也来了，她想利用这3天时间，去省内景点玩玩，放松一下心情。正当她谋划旅游路线时，办公室刘主任找到她，告诉她从明天元旦开始，公司在节假日8:00—21:00安排人员值班。

目前行政办公室除了刘主任外，还有男同事郭思纯、女同事曾莉。刘主任要周嘉玲编制值班表，并要求她参与值班。周嘉玲将自己的值班时间安排在3日下午。她来接班时，前一班曾莉告诉她金凤凰酒楼有工作人员会来提两个酱料，已经付费。周嘉玲值班时，接到两个电话，其中一个电话是成都分公司刘总打来的，想了解出差的顾总周一能否如期返回，他有几份文件要让顾总签字。周嘉玲查看了上午的值班记录，从值班记录中看到一条顾总打来电话的记录，他要求公司明天早上派车去接站。周嘉玲给了刘总明确的答复。另外一个电话是一个顾客要换货，询问公司的地址及到达公司的公交线路。在快交班时，周嘉玲还接待了两个年轻人，他们是来公司应聘的，最后留下了两份简历让周嘉玲转给负责人事工作的张子英。

二、 理论知识

(一)值班工作的职责与内容

值班是指各单位在一段时间内，安排专人负责处理办公室全部工作，保证单位在非正常作息时间照常运转的一种工作方式。

办公室值班工作的职责主要有：接听电话、签收文件、承办上级指示、下级请示事项、承办上司交办的事项、负责客人接待、处理突发事件、保证单位安全、物品进入记录等。

办公室值班工作的内容主要有：

1.做好值班记录工作

主要包括来电记录和接待记录。来电记录需要记录来电时间、来电单位、来电人员姓名、来电内容等信息。接待记录主要包括来访人员的姓名、单位、来访事由、联系电话等内容。值班记录可以编制成表（表10-1），值班人员只要将内容填写即可。

表 10-1　×××公司值班记录表

值班地点：　　　　　　　　　　　　　　　　　　值班日期：　年　月　日

<table>
<tr><td>值班部门</td><td></td><td>值班人数</td><td></td><td>值班负责人</td><td></td><td>值班情况</td><td></td></tr>
<tr><td>班次</td><td colspan="2">早班 8:00-16:00</td><td colspan="2">中班 16:00-24:00</td><td colspan="3">晚班:00:00-8:00</td></tr>
<tr><td>值班人</td><td colspan="2"></td><td colspan="2"></td><td colspan="3"></td></tr>
<tr><td>值班情况记录</td><td colspan="2"></td><td colspan="2"></td><td colspan="3"></td></tr>
<tr><td>来访情况记录</td><td colspan="2"></td><td colspan="2"></td><td colspan="3"></td></tr>
<tr><td>人员进出记录</td><td colspan="2"></td><td colspan="2"></td><td colspan="3"></td></tr>
<tr><td>物品进出记录</td><td colspan="2"></td><td colspan="2"></td><td colspan="3"></td></tr>
<tr><td>消防安全检查记录</td><td colspan="2"></td><td colspan="2"></td><td colspan="3"></td></tr>
<tr><td>其他说明</td><td colspan="2"></td><td colspan="2"></td><td colspan="3"></td></tr>
<tr><td rowspan="2">交接班</td><td colspan="2">交班签名：
时间：　时　分</td><td colspan="2">交班签名：
时间：　时　分</td><td colspan="3">交班签名：
时间：　时　分</td></tr>
<tr><td colspan="2">接班签名：
时间：　时　分</td><td colspan="2">接班签名：
时间：　时　分</td><td colspan="3">接班签名：
时间：　时　分</td></tr>
<tr><td>交接情况</td><td colspan="7"></td></tr>
<tr><td>备注</td><td colspan="7"></td></tr>
</table>

2.填写好值班日志

除了主要对电话来访、反映问题等进行记录外，重点要对值班过程中接收及完成情况、正在处理事项情况、未办理事项进行详细的记录，以便与其他值班人员交接，保证工作的连贯性。值班日志可以使用固定表格形式（表 10-2），主要包括值班时间、值班人员、前班事项跟进、已经完成事项、正在处理事项情况和未处理事项情况等。

表 10-2　×××公司值班表

时间	月　日　时　分至　时	值班人	
值班情况		接班人	
前班事项跟进		处理结果	
完成事项			
正在处理事项情况		处理进度	
未处理事项			

3.做好信息传递工作

值班过程中有可能接到上级机关的指示，也有可能接到客户的求助，还有可能接到消费者的咨询与投诉等。值班人员接到这些信息后，应立即做好记录，根据内容的轻重缓急，送相关部门或人员处理，同时汇报给相应领导。

（二）值班工作的类型与要求

1.值班工作的类型

值班工作的形式，从不同角度分为不同的值班形式。

（1）从时间上来划分，有全天候值班、非工作时间值班、节假日值班。

（2）从值班人员来分，有领导行政值班和工作人员值班。

（3）从工作方式来分，有专人值班、轮流值班。

2.值班工作要求

（1）有良好沟通能力与服务意识。值班工作中无论接听电话、接待客人，还是向同事交班、向上司传达信息都需要值班人员有良好的沟通能力。同时，值班室也是单位的一个“窗口”部门，值班人员的态度会影响到单位的社会形象，因此要求值班人员具有较强的服务意识，待人热情、礼貌。

（2）良好的时间观念。目前大部分单位的值班工作多是非工作时间值班，这时值班人员很容易失去时间观念，产生非工作时间可以迟到早退的错觉。另外，值班时间承办的事项和突发事项处理都要求值班人员有较强的时间观念。

（3）对业务有全面的了解，对政策有深刻的领会。值班过程中面对的工作涉及各个方面，这要求值班人员对公司的业务内容和工作流程有较全面的了解，对公司政策有深刻的领会。尤其值班人员遇到客人咨询和投诉时，对单位业务把握和政策领会显得更为重要，稍有不慎就会损害单位的利益。

(4)有强烈的工作责任感。在值班工作中经常要接手前班人员余留下来的工作，要处理客户交办的工作，处理消费者要求办理的事务以及处理下级请求办理的事项，这些都要求值班人员有强烈的工作责任心，认真地处理好。

(三)值班工作的管理

(1)建立值班制度。值班制度是值班人员共同遵守的行为准则，也是保证做好值班工作的重要举措。因此，单位应根据自身的情况建立值班制度。值班制度一般从值班人员的职责和权限、值班工作程序、值班工作要求、交接班方法与时间、值班违规处罚等方面对值班人员和值班工作作出规定。

(2)编制值班表。为了使值班有序进行并保证值班工作的连续性，需要制订值班表。值班表通常包括值班时间段、值班人员、值班人员电话、带班负责人电话、值班工作内容与要求等。编制值班表时可以先征求值班人员的情况，根据值班人员的要求、具体情况编制值班表。

(3)检查督促值班。办公室除了安排值班外，还要检查督促值班。尤其是在一些敏感时段，应打电话确定是否有人值班，了解值班出现的情况。

三、实训

(一)实训任务

编制值班表并做好值班记录。

(二)实训目的

学会编制值班表。

学会记值班记录，写值班日志。

(三)实训成果

每组提交值班表、值班记录和值班日志各1份。

(四)实训指导

(1)每组先编制值班表。编制值班表时可先征求值班人员的特殊要求，如果没有特殊要求可以灵活安排人员值班，但一般说来，女性最好不要安排在晚上值班。

(2)设计编制值班记录表，设计记录表时应根据任务要求来进行。填写值班记录表时要认真,关键信息填写要完整、正确。

(3)设计值班日志表,并将值班当天的值班事项记入其中。记录要简明扼要。

(4)值班日志处理的事项要符合值班工作的要求,做到热情、及时和正确。

四、 相关链接

(一)案例(表10-3)

表10-3 ×××公司国庆值班表

值班总电话:32432411　　　　值班地点:公司前台

值班日期	班次	值班人	联系电话	带班领导	联系电话
10月1日	白班1	侯梅婷	135667788××	王建明	135697768××
	白班2	陈一璇	135667896××		
	晚班	张烨明	189322345××		
10月2日	白班1	古晓峰	137492344××		
	白班2	田晖	158667896××		
	晚班	张烨明	189322345××		
10月3日	白班1	侯梅婷	135667788××	赵国宏	138697468××
	白班2	田晖	158667896××		
	晚班	张烨明	189322345××		
10月4日	白班1	侯梅婷	135667788××		
	白班2	古晓峰	137492344××		
	晚班	张烨明	189322345××		
10月5日	白班1	陈一璇	135667896××	万山同	133567865××
	白班2	古晓峰	137492344××		
	晚班	赵元军	136496344××		
10月6日	白班1	陈一璇	135667896××		
	白班2	田晖	158667896××		
	晚班	赵元军	136496344××		
10月7日	白班1	陈一璇	135667896××	李秀梅	133567843××
	白班2	田晖	158667896××		
	晚班	古晓峰	137492344××		

值班要求：

(1)值班时间：(白班1:8:00-12:30，白班2:12:30-16:30，夜班:16:30-21:00)，值班人员必须按时到岗，不得脱岗，脱岗者罚款20元；不值班者，一次罚款50元，值班期间严禁酗酒。

(2)值班检查办公大楼各办公室、卫生间、宿舍的水、暖、电、车间门窗是否关好，在值班期间要对厂区进行巡逻，发现问题及时解决，解决不了的问题及时反映给带班领导。

(3)值夜班的所有人员在当次值班结束后，当面进行工作交接，填写值班情况登记表，并签名。

(4)紧急电话：火警电话119；警匪电话：110

(5)带班领导必须按时查岗、查情，解决落实问题。

(二)值班制度

×××公司值班规定

一、总则

第1条　依据公司规定，在节假日及工作时间外的一些事务，除主管人员坚守岗位外，公司需另外安排员工值班，为规范值班行为，制定本规定。

第2条　值班处理事项：突发事件；管理、监督保安人员及值勤员工；预防突发事件、火灾、盗窃及其他突发事项；治安管理；公司临时交办的其他事宜。

第3条　值班时间

1.工作日值班：周一至周五每日下班时到次日上午上班时。

2.休息休假日值班：实行轮班制，日班上午8:00至下午5:00，夜班下午5:00至次日上午8:00(可根据公司办公时间的调整而变更)。

第4条　各部门根据业务情况自行安排本部门员工值班，并于月底公布次月值班表。

二、值班纪律管理

第5条　值班室是公司的重要岗位部门，值班人员的工作状态直接影响到公司的安全和工作秩序。

第6条　值班人员应坚守工作岗位，不得擅离职守，不做与工作无关的事情，在电话铃响三声之内接听电话，不得使用值班室电话拨打或接听私人电话。

第7条　值班人员应严格遵守公司规定，禁止无关人员进入值班室，自觉保持值班室的环境卫生。

第8条　值班人员遇有特殊情况需换班或代班者，必须经值班主管同意，否则责任自负。

第9条　值班人员按规定时间交接班，不得迟到、早退，并在交班前写好值班记录，以便分清责任。

三、值班事项处理

第 10 条　值班人员遇事可先行处理，事后再报告。如遇其职权范围以外的事情，应立即通报并请示主管。

第 11 条　值班人员遇到重大、紧急事情时，应及时向上级业务指挥部门和公司领导汇报与请示，以便及时处理并在第一时间通知相关负责人。

第 12 条　值班人员应将值班时所处理的事项填写“报告表”，并于交班后送主管领导检查。

第 13 条　值班人员收到信件时属于职权范围内的，可即时处理。非职权所及的，视其性质立即联系有关部门负责人处理。对于密件或限时信件，应立即原封保管，于上班时呈送有关领导。

四、值班津贴与奖惩

第 14 条　值班人员可领取值班津贴。具体数额参照《公司值班人员津贴费用规定》。

第 15 条　如果值班人员在遇到紧急事件时处理得当，公司可视其情节给予嘉奖。嘉奖分为书面表扬和物质奖励两个等级。奖励办法参见《公司值班人员津贴费用规定》。

第 16 条　值班人员在值班时间内如擅离职守，公司应给予处分，造成重大损失者，应从重论处。

五、附则

第 17 条　本制度由行政部负责制定和解释，并报总经理审核批准。

五、拓展练习

宏昌公司是生产运动鞋的公司，节假日往往是各专卖点热销的时间。过几天又到国庆 7 天长假了，为了保证销售顺畅，公司要求仓库、市场部、客户部、销售部、行政部各安排 1 名人员值班。值班时间为 9:00 到 21:00，值班时段 3 班。值班主要负责提货、答复客户咨询、销售退换货、门店检查、处理客户投诉和各分店信息联络等工作。

问题：请为宏昌公司编制值班总表。值班表中要求写清楚各值班人员的职责和要求。

任务二　员工考勤与考勤报表编制

一、任务描述

行政办公室每月的考勤报表原来由同事曾莉负责，前段时间曾莉被派往上海办事，至今没有回来，主任告诉周嘉玲做这个月行政办公室的考勤报表。10月行政办公室的相关记录如下：曾莉，10月27—30日出差4天，10月9日病假1天，10月1日、2日国庆值班两天，10月15日早退1个小时（因处理突发事件，后补请假），10月23日、24日休年假两天，10月12日体检1天。郭思纯，平时加班15小时、公休加班18小时，10月3日国庆值班1天，10月4日、5日请事假2天，10月18日结婚，前后请假共5天。办公室主任刘天枫，10月4日国庆值班1天，10月19日到市里为员工办社保0.5天，公休加班5小时，10月23日、24日补中秋节休假2天，10月12—16日陪同上司到上海拜见客户4天，10月20日看望工伤住院员工。周嘉玲，10月23日请事假1天，10月13日、15日迟到2次，第一次15分钟，第二次10分钟，10月4日、5日国庆值班2天，10月24—25日参加其伯父丧礼请假2天，10月25日送文件外出4小时。前台汪菲儿，10月6日、7日国庆值班2天，10月23日、24日参加考试请假2天，10月15日迟到1次，迟到时间20分钟，10月19—20日被投诉客人打伤住院2天。由于在本月开始前对请假没有作好恰当的安排，导致有几天办公室无人，有几个重要的电话没人接听。

二、理论知识

（一）考勤及考勤内容

1.考勤的含义

考勤就是考查出勤，即通过某种方式来获得员工或者某些团体、个人在某个特定的场所及特定的时间段内的出勤情况。

2.考勤的目的

（1）通过考勤严肃劳动纪律，提高工作效率及质量，确保工作有序顺畅进行，维护单位的正常工作秩序，提高办事效率，严肃纪律。

（2）使员工自觉遵守工作时间和劳动纪律。

（3）同时通过对前一阶段考勤研究分析，为后一阶段的工作做统筹安排。

3.考勤的内容

（1）工作时间的上下班情况，主要包括准时上下班、迟到、早退、脱岗和旷工。

（2）请假情况，主要包括事假、病假、婚假、丧假等。

（3）非工作时间的加班情况，包括公休日加班和节假日加班等。

（二）国家法定假期

掌握国家法定假期是做好考勤工作的前提，国家对于周工作时间、节假日、病假、婚假、产假和丧假有明确的规定，考勤时就根据国家法定假期执行。

1.周工作时间

根据国家劳动法和国务院关于职工工作时间规定等相关文件,劳动者每日工作时间不超过8个小时,每周不超过40小时,超过40小时的应算加班时间。

2.节假日

依据国家办公厅公布的当年节假日为标准。

3.婚假

根据婚姻法,职工本人婚假3天,晚婚增加10天,如果分居两地可以给予路程假。

4.产假

根据劳动法,产假不少于90天,其中产前15天。如果难产增加15天,多胞生育者每多一个增加15天。

有些省份也给男性职工10天左右的护理假。

5.丧假

直接亲属(父母、子女、配偶、岳父母)去世,给予3天丧假。职工在外地,如果需要职工本人料理后事的,可以再给予路程假。

(三)考勤方法

考勤方法主要有:签到簿签到考勤、电子钟打卡考勤、刷IC卡考勤、读指纹考勤和人脸(视网膜)考勤。

1.签到簿签到考勤

它要求员工上班时在签到簿上签名。它的最大优点在于成本小,不必购置设备即可进行。但需要专人看管,否则很容易作弊。另外,所得到的考勤数据需要人工处理,比较费时费力。

2.电子钟打卡考勤

在上班时要求员工在电子钟的插卡处将自己的签到卡插入并打印出上班时间。相对于签到来说,电子钟避免了员工在签到时随意填写时间的弊端。这种考勤方法的缺点在于代打卡作弊,很难控制。另外,需人工处理数据。

3.刷IC卡考勤

利用与门禁系统相连的IC卡在考勤终端上刷卡签到。考勤方法的最大优点是数据可以用电脑自动处理。以前IC卡和电子钟一样,容易代打刷卡,近年来多功能IC卡多能采集人脸信息,作弊的机会就大大减少了。其缺点是成本高,投入较大。

4.读指纹考勤

指纹打卡机和IC卡打卡机一样连接门禁,考勤时员工只要将一个采集过指纹的手指放在读指纹处即可。使用指纹打卡机,需要精心保养,成本也较高,同时由于人手可能有脱皮情况，给考勤带来麻烦。

5.人脸(视网膜)考勤

这种考勤与IC卡和指纹打卡机一样，与门禁系统相连，其最大的优点是完全避免代打卡的情况，同时数据处理较快。不足之处在于成本高，维护不容易。

(四)考勤报表的制作

考勤报表主要统计迟到和早退的时间与次数，旷工天数，平时加班、公休加班和节假日加班时长，调休天数，事假、病假和法定假天数，出差天数、工伤天数，实际出勤天数等。

如果使用的是人工签到考勤和电子钟考勤，需要人工将迟到早退的情况统计出来，然后使用Excel完成报表。如果使用刷IC卡、读指纹机和人脸考勤，用中控系统直接将数据导出为Excel格式即可。表10-4是某公司的考勤报表样例。

表10-4 ×××公司考勤月报表

考勤时间　年　月　　统计部门：

姓名	部门	工号	迟到早退次数	迟到早退时长	事假天数	病假天数	法定假天数	加班			出差天数	调休天数	应考勤天数	实际出勤天数	加班总时长
								平时	公休	假日					

三、实训

(一)实训任务

制作考勤报表。

(二)实训目的

了解考勤的内容。

能制作考勤月度报表。

(三)实训成果

根据“任务描述”，每组提交一份考勤报表。

提交10月份办公室员工请假协调说明。

》（四）实训指导

(1)阅读“任务描述”，根据考勤的内容，确定哪些属于报告范围。

(2)讨论月度考勤报表的设计。

(3)填报相关数据。

(4)找出可以灵活安排的任务，并根据任务的轻重缓急，对办公室人员的请假进行安排。

(5)写出请假协调方案。

四、相关链接

》（一）人脸考勤机

人脸考勤机是一种新型的存储类考勤机，事先只需采集员工的面像并建立档案，当员工上下班站在人脸考勤机的识别区域内，考勤机上就会快速地记录考勤状况并保存记录。这种考勤机准确度高，安全性好，可通过U盘上传用户姓名列表，下载门禁考勤记录以及照片。由于采取完全非接触方式，人脸考勤机可避免细菌传染。

人脸考勤机使用程序：

(1)密码注册。系统各配件安装完毕后，正常使用前，先进行人员注册，即对允许放行通过的人员进行密码注册。

(2)人脸注册。第一次输入注册密码，系统定义为人脸信息注册。注册人员在摄像头面前站立，系统自动扫描将该人员的脸部特征信息并存入控制器中。

(3)进门控制。先在门外进行密码验证，系统自动启动摄像头进行人脸特征的确认。经确认面相符合，即可开门放行。

(4)出门控制。在门内装上摄像头及密码键盘与控制器相连即可，出门控制同进门控制。

》（二）出差人员考勤管理

出差人员的考勤涉及出差补贴，而出差人员又在单位外，给考勤管理带来了一定困难。下面介绍几种管理出差人员考勤的方法：

(1)如果是销售人员，可以以业绩作为考核目标，淡化日常考勤工作。

(2)针对长期出差在外地的员工可以采取在当地打卡上班的方法，当然如何使用考勤机，则需要连接网络。

(3)如要出差地不在一个地方，则可以采取车船票等作为考勤的凭证。

(4)使用“外勤”管理设备。这种设备具有GPS定位功能，能将员工的行动轨迹清晰记录在电脑中。

(5)完善出差管理。出差进行申请,中途变换路线、延长出差时间提前通过管理人员,得到批准后出差到新地方。

(三)公司考勤月报表(表10-5)

表10-5 某公司考勤月报表

基本信息				休假					出勤				汇总	
部门	姓名	工号	考勤卡号	事假	病假	婚(产)假	丧假	公假	迟到早退	旷工	正常	加班	应出勤天数	实际出勤天数
行政部	赵强	004	104	2	1	0	0	0	0	0	20	3	22	22
行政部	张娟	005	105	2	0	0	0	1	0	0	19	4	22	23
部门汇总				4	1	0		1	0	0	39	7	44	45
质检部	钱多多	006	106	0	0	0	1		1		21	3	22	24
…	…	…	…	…	…	…	…	…	…	…	…	…	…	…

五、拓展练习

楚彬是华洋地产的一名员工,他4月份的考勤记录情况如下:4月1日上午请病假1天,4月3日没有请假到医院复查,4月5日清明节值班时脱岗3小时,导致3卷电线被偷。4月8日加班2小时,4月12—13日受工伤住院2天,4月15日随办公室其他员工参加新项目庆功会,4月16日调休,4月18日周日加班8小时,4月20—30日出差上海、杭州、南京等地。

问题:请制作楚彬4月份的考勤报表。

项目十一 办公室信息资源管理

前面有话

办公室是信息中心，每天有大量信息涌向办公室，同时办公室也不断向其他部门和单位发出信息。由于办公室发出的信息也要存档，所以办公室会掌握大量的信息。如果这些信息不加以管理，其后果是难以想象的。通过本项目学习，将让你学会如何收集信息、管理信息和分析信息。学习本项目之前如果你具备档案管理方面的知识，将有助你完成本项目的学习。

在任务一中，你将会学习信息的收集与整理方法，目的是培养你信息收集的能力，信息的分类和整理方法与能力。在任务二中，你将了解信息分析与汇总的方法等，目的是让你能够用比较恰当的方式向上司呈现他所需要的信息。

项目关键词

⊙ 信息收集　　⊙ 信息安全　　⊙ 信息分析　　⊙ 信息汇报

职场导例

某市风×华公司是一家生产礼品的公司。创新产品是礼品行业最大的特点，也是企业生存和发展的基本要求。风×华公司一年需要设计礼品上百种。春节将近，又是一年保健品的销售旺季，康×源保健品公司为了吸引农村消费者，向风×华公司订购一批礼品作为赠品，要求在两周之内拿出样品。由于设计部手头上还有一项产品设计，前期的信息收集要求行政办公室来完成。行政办公室将任务安排给了办公室文员范小美。范小美接到任务后，通过网络、报纸等媒体渠道和调查收集到了大量的市民保健信息，经过分析整理，最后范小美向康×源公司和设计部建议使用“大号刻度体温计”作为礼品。在建议报告中，范小美还列出理由，体温计是人们经常使用的体温测量工具，使用时能看到康×源保健品的标志，体温计与保健品属于保健卫生同一范畴，搭配协调。另外，体温计成本不高，作为赠品符合产品的成本构成。看到范小美的报告书，厂家也觉得这个礼品有创意，于是很快与风×华公司达成了协议，生产1万支体温计。可是在反馈会上，销售人员说，虽然购买保健品的消费者能够接受这种体温计，但对销售量的提升没有起到带动作用。主要的原因是这些农村消费者没有定期测量体温的习惯，也不太明白体温计刻度表达的意思，甚至有的消费者还提出不如送一个碗来得实用。

办公室絮语：信息对于企业来说非常重要，准确的信息将助力企业的发展，因此信息工作在任何单位都会被重视。案例中，范小美虽然做了大量的信息收集，但是由于没有考虑到农村消费者信息的收集，导致赠品没有起到提升产品消费的作用。

任务一　信息资源的收集与整理

一、任务描述

随着人们对健康的关注，杂粮又回到了人们的餐桌，成为人们的“新宠”。某市富临食品有限公司认为这将是一个新的利润增长点，因此决定开发一种杂粮休闲食品。为了保证产品符合人们的需求，公司还决定先由办公室配合市场部作前期的市场调查，主要收集市场杂粮休闲食品的种类与价位、主要消费群体等信息，然后将收集的信息整理出来。

二、训前知识

信息是事物存在的方式或运动状态的直接或间接的反映。信息工作程序包括收集、整理、传输、存储、反馈和利用。

（一）信息收集的范围

信息的收集是出于实际利用的需要而通过各种渠道和方式获取信息的过程。

办公室人员要以服务公司的各项工作为目标，确定收集信息的范围，按照工作活动的需要有针对性地收集原始数据信息。

办公室人员在日常工作中应注意收集企业信息、国内外市场信息、客户信息、行业动态信息、国内外金融信息、法律政策信息、交际活动信息等。

收集信息可以通过检索工具、搜索引擎、调查、购买多种方式和渠道来获取信息材料。

(二)选择信息收集方法和渠道

1.信息收集的方法

(1)观察法。人们直接用感官或借助其他工具认识客观事物,获取信息。观察法简单、灵活,能获得较为客观的信息,但获得信息量有限、深层次信息少。

(2)阅读法。通过阅读报刊等获取信息。阅读法获取信息方便,获得信息量大、涉及面广、适用性强,但有些信息可能失真,要判断其真实性。

(3)询问法。通过提问请对方作答获取信息的方法,包括人员询问、电话询问和书面询问。询问法灵活、实用,双方直接交流沟通,能获得语言信息和非语言信息,获得的信息价值大,但费用高、时间较长、规模小,要求办公室人员掌握询问技巧,具备良好的素质和能力。

(4)问卷法。由办公室人员向被调查者提供问卷并请其对问卷中的问题作答而获取信息的方法。问卷法可以减少主观性,收集的信息客观,便于定量处理和分析,节省人力、费用和时间,效率较高,但问卷的质量、回收难以保证。

(5)网络法。通过网络所提供的服务获取信息。网络法可以不受时间、地域的限制,获取广泛、迅速、时效性强的信息,但信息来源复杂,需要办公室人员掌握计算机知识,对收集的信息进行鉴别。

(6)交换法。将自己拥有的信息材料与其他单位的信息材料进行交换,实现信息共享。交换法获得信息及时、适用、针对性强,节省时间,能根据需要确定信息交换的方式、内容,但交换信息的范围窄,信息交换要建立在自愿的基础上,应注意信息的保密性。

(7)购置法。通过订购、现购、邮购、代购等方式,购买文献资料、磁带磁盘。购置法能获得大量系统化、专业化的信息,信息来源广,但费用高,花费时间和人力,需要对信息进行筛选鉴别。

2.信息收集的渠道

(1)大众传播媒介渠道。大众传播媒介包括广播、电视、报纸、期刊及其他文献载体,是现代社会获取信息的重要途径。

办公室人员要在大众传播媒介中搜寻新情况、新信息,为工作活动提供咨询和参考。但大众传媒的信息杂乱无序,许多信息未经核实,可能包含有虚假信息和信息垃圾,要有选择地收集有价值的信息。

(2)图书馆。图书馆是信息的宝库,能提供借阅、阅览及访问计算机媒体等服务。到图书馆查找信息需查阅图书馆目录,填写索书单,办理借阅手续。

(3)互联网渠道。互联网上有许多搜索引擎,能帮助我们迅速找到信息。为保证搜索成功,需认真选择输入搜索引擎的关键词。不然,将得到大量参考项,其中有许多是不相干的。如果选项范围太窄,搜索引擎又可能毫无发现。

(4)供应商和客户。供应商可提供的信息有:产品目录、广告材料;需要其提供特定服务的信息。客户能提供的信息有:调查表形式的市场信息、服务的反馈信息;竞争对手提供的服务和产品的信息;产品和服务的需求信息。

(5)贸易交流渠道。利用各种贸易交流机会,如展销会、交易会、洽谈会等了解情况,索取信息材料,在相互交流之中获得能满足需求而又相对集中的信息内容。

(6)信息机构渠道。信息机构肩负着信息传播中介的使命,成为信息源的集散地,是人们获取、利用信息的主要场所。办公室人员可以利用信息机构所储存的丰富的信息资源,也可委托信息机构定向收集相关信息。

(7)关系渠道。指业务往来关系、横向人际关系、纵向从属关系渠道。办公室人员要在业务往来活动中获取信息,如在同有关的海关、银行、商检、工商、税务、保险、统计等部门的业务往来中,不失时机地了解相关法规、条例,收集各种信息;要在人际关系交往中捕捉新情况、新动态、新信息,善于与人交友,利用交谈、来信、来访和接听电话了解信息,获取第一手材料等。

(8)调查渠道。办公室人员要有目的、有计划地进行市场调查,深入现场,通过各种途径和方式,直接收集第一手资料,挖掘层次更深、质量更高的信息内容。

(三)信息的整理

信息的整理是对原始信息进行分类、筛选、核实,使其成为有价值信息的过程。

1.信息的筛选

信息的筛选是对收集到的大量信息进行鉴别和选择,判断信息的价值,决定信息的取舍,提取真实、有价值、能满足需求的信息。

(1)办公室常备的信息资料。办公室人员在工作中经常要查阅和利用信息,所以在办公室中应备有常用的信息资料,以便随时翻阅。办公室常备的信息资料有:参考书(包括工作用参考书、手册、百科全书、字典与词典、年鉴)、报纸期刊、统计资料、地图集、内部文献、人名地址录、广告材料和宣传品以及有关政府出版物、法律法规汇编、政策汇编等。

(2)阅读筛选信息资料的方法:

①要留意标题,根据标题判断信息资料是否与需求相符。

②要复印、裁剪,对能满足需求的相关信息进行阅读,将阅读到的有价值的信息作记号、复印或剪裁。

③要摘记,将有保存价值的信息摘录到手册或卡片上。

④要标记说明,对筛选的信息资料作标注、注释或说明,注明剪裁下的信息资料的日期和出处。

(3)信息筛选的工作程序:

①看来源。不同来源的信息,重要性不尽相同。上级形成的信息带有全局性、综合性和权威性,而平级和下级形成的信息主要起参考作用。

②看标题。信息的标题一般可以反映信息的内容和价值,办公室人员要认真分析

标题,把握信息的主题,根据信息的标题确定信息价值的大小。

③看正文。先浏览正文,了解其主要内容,初步确定是全部选用,还是部分选用,甚至不用,即初选。初选后,对拟用信息再认真阅读,判断是否有价值。

④决定取舍。对信息进行严格的选择,从中挑出能满足需求的信息,对工作具有借鉴、参考作用的信息,舍去虽真实但无用的信息。信息的取舍,要突出主题思想,注意典型性,尽量富有新意,显示特点。

2.信息的分类

信息的分类是根据信息所反映的内容性质和特征的异同,分门别类地组织起来的一种科学方法。

(1)信息分类的方法:①字母分类法。②地区分类法。③主题分类法。④数字分类法。⑤时间分类法。

(2)信息分类的工作程序:

①熟悉信息内容。

②选择分类方法。根据各种信息分类方法的特点进行选择。

③辨类。就是对信息资料进行主题分析,分辨其所属类别。

④归类。对收集的信息分门别类地组织起来,使信息条理化。

注意事项:①要利用颜色、标签区分类别。②要建立交叉参照卡。

3.信息的校核

信息校核是对经过初步甄别的信息作进一步的校验核实,分析信息的可靠性和准确性,对信息的真实性进行认定。

要对信息中的事实、观点、数据、图表、符号以及时间、地点、人物等进行核实。对有关政策、法规、重要计划、主要数据、典型事例的信息,要查对出处,核实原件、地名、人名、时间、事实、数据等。

三、实训

(一)实训任务

根据任务描述收集和整理相关信息。

(二)实训目的

能通过多种途径收集信息。

能对收集到的信息进行分类整理。

(三)实训成果

每组提供“休闲食品”品种价格信息标题清单。

每组提供休闲食品整理后的材料。

(四)实训指导

(1)小组讨论,明确“休闲食品”的范围。

(2)从不同渠道收集信息,重点从网络、实体店和广告册上进行收集。

(3)收集信息时要全面,至少应包含食品的名称、口味、规格(重要)、价格和生产地、销售量等。在调查中如果需要制作调查表,可以参考“相关链接”的相关内容。

(4)将收集到的信息,按类型、品味、规格进行分类,然后以价格和销售量进行初步的分析。

四、相关链接

问卷调查的设计和实施

问卷的设计是一项复杂而且很有学问的工作。问卷所提的问题既要全面、深入,又要可行。问题数量要合适,要便于调查结果的统计和处理,否则,问卷调查结果会很不理想,甚至徒劳无功。

1.问卷的结构

(1)卷首语。卷首语是问卷调查的自我介绍信。它的内容应该包括:调查的目的、意义和主要内容,选择被调查者的途径和方法,被调查者的希望和要求,对填写问卷的要求、方法和注意事项等说明,回复问卷的方式和时间,调查的匿名和保密原则,以及调查者的名称等。下面是一个卷首语的范例:

调查问卷说明

尊敬的中消研员工:

您好!我们正与您一起为中消研迎接未来的挑战、业绩更上一层楼而努力。此次问卷调查的目的是了解中消研企业文化的历史、现状以及未来的改进方向,您的见解和意见对中消研的发展至关重要。中消研公司将以职业态度对您交回的问卷严格保密,我们保证问卷只在中消研公司咨询范围内作统计使用。您对问卷的认真填写将是对我们工作的大力支持!非常感谢您的积极参与!

2016年3月18日

填写问卷注意事项:

1.请单独填写,并客观发表意见。

2.请注意阅读各题型的题要求(单选、多选、排序或阐述)。

3.请在3月21日(周四)17:00前完成,并送交给中消研公司项目组长,如果因事外出未领到调查问卷,请直接与中消研公司企管部联系。

说明:请在对应的选项上打“√”,如无特别说明,只选一项。

(2)问题和回答方式。它是问卷的主要组成部分,包括调查询问的问题、回答问题的方式以及对回答方式的指导和说明等。

问卷中要询问的问题,大体上可分为四类:

①背景性的问题,主要是被调查者个人的基本情况,它们是对问卷进行分析研究的重要依据。

②客观性问题,是指已经发生和正在发生的各种事实和行为。

③主观性问题,是指人们的思想、感情、态度、愿望等一切主要世界观状况方面的问题。

④检验性问题,为检验回答是否真实、准确而设计的问题。四类问题中,背景性问题是任何问卷都不可缺少的。

设置问题的方式有两种:开放式和封闭式。

①开放式问题是调查者不提供任何可供选择的答案,由被调查者自由答题,如下所示:

您觉得山西通信应当具备怎样的企业精神,请您为公司取一个精神口号:

②封闭式问题是问题的后面同时提供调查者设计的几种不同的答案,这些答案既可能相互排斥,也可能彼此共存,让调查对象根据自己的实际情况在答案中选择。例:

您认为中消研目前的主要竞争优势在于(选出最重要的3项):

A.由规模化生产而引发的低成本

B.企业文化

C.管理

D.一线员工的操作能力(包括生产和销售)

E.品牌效应

F.顾客导向的市场意识及预见力

G.管理层的领导力与领导风格

(3)编码。就是把问卷中询问的问题和被调查者的回答,全部转变为A,B,C…或a,b,c…等代号和数字。

(4)其他资料。包括问卷名称、被调查者的地址或单位、调查者的姓名、调查开始的时间和结束的时间、询问完成情况、审核员的姓名和审核意见等。

有的自填式问卷还有一个结束语。结束语可以是简短的几句话,被调查者的合作表示真诚感谢;也可稍长一点,顺便征询一下对问卷设计和问卷调查的看法。

2.问卷设计的原则

在进行问卷设计时,除了明确所需要提问的范围外,在具体题目和选项的设计上要遵循以下原则:

(1)保证问卷填写效果的原则。

(2)避免倾向性问题。例如下面这个问题:

你认为你自己对待工作是否踏实肯干？

A.是　　　　B.不是

被调查者回答这个问题时，会出于对个人的情感和利益的考虑，在选择时趋同于某个选项，造成调查结果失真。

(3) MECE 原则。就是在设计调查问卷时，用于调查的问题应相互独立，供选择的答案应完全穷尽。

3.问卷设计需要注意的问题

(1)问卷中所提的问题，应围绕研究目的来编制，力求简单、明了，含义准确。不要出现双关语，避免片面和暗示性的语言。

(2)问题不要超过被调查者的知识、能力范围。

(3)问题排列要有一定的逻辑次序，层次分明。问卷的目的、内容、数据、卷面安排、标准答案等都要认真地推敲和设计。

(4)调查表上应有留给供人填写答案的足够空间，并编有填写调查单位的名称、填表人的姓名和填表年月日的栏目。

(5)问卷形式可以封闭式和开放式相结合，问题数量要适度，一般应控制在 30 个问题以内，最好在 20 分钟内能答完。

(6)为使调查结果更为客观、真实，问卷最好采用匿名回答的方式。

设计问卷的内容要符合实际情况。一般来说，问卷设计前要摸底，对组内全体成员进行使用问卷调查的培训，并在小范围内进行测试，反复修改设计的问卷，以期与实际情况相符合，并便于对结果进行处理。

五、 拓展训练

某市天葵公司为了开拓新的市场，拟开发一种节能环保型净水设备生产项目。公司为此专门召开办公会议，讨论开发节能环保型净水设备的优势及可行性。从节省能源和环保的角度看，这种净水设备是很有优势的，但产品应用的可行性和市场前景如何，还须根据有效的市场信息进行综合分析和科学预测，才能作出正确决策。办公室人员吕萌就马上着手收集相关信息。

问题：请围绕节能环保型净水设备开发的可行性收集以下有关信息：

(1)在网上收集有关节能环保型净水设备发展前景的信息，并标出信息来源网址。

(2)设计一份调查问卷，向消费者收集各种家用净水设备的使用意见，并进行统计分析。

(3)向有关部门咨询、了解各类净水设备的使用成本；同时向公司技术开发部了解净水设备的使用成本。

任务二　信息资源的分析与汇总

一、任务描述

周嘉玲平时非常注意积累客户资料，时间一长，她的抽屉里面已经是堆积如山，各种表格、文件、材料、广告、参考书、宣传单、手册、计划塞满了几个抽屉。一天市场部经理找到周嘉玲，要她找深圳某客户的资料，她找了几个抽屉都没有找到，急得不知如何是好，经理对周嘉玲说："你平时注意信息的收集，这是很好的，但是要注意信息的筛选，有价值的信息才保存下来，没有保存价值的信息就要处理掉。"周嘉玲认为经理说得有道理，于是开始着手对抽屉里的信息材料进行整理和分类。可是当她把抽屉里的材料全拿出来后，却傻了眼，因为材料太多了，她觉得这个有用，那个也不能丢，不知道如何是好。

昨天市场部陈经理给了周嘉玲以下信息，要求她分析后汇报给他。

(1)2011 年 9 月 2 日美国纽约 11 月小麦价格为 100 美元，上涨 2%，由此国内面粉进口减少 5%。

(2)国内大宗粮食价格处于调整阶段，稻米价格有所下降，市场稳定。

(3)印度西部谷类交易价格下降 3%

(4)根据食品轻工协会调查结果测算，截至 9 月 7 日，全国食品轻工业库存约 82.98 万吨，环比和同比继续减少，并且比近三年的平均水平低 11.3%。

(5)广州大胜食品贸易有限公司求购苏打饼干 10 吨，要约价 2000 元/吨。

(6)东阳市白云超市求购 150 沙琪玛 50 件，计 1000 包。

(7)2011 年第八届休闲食品展在大连举行，时间为 9 月 10—14 日。

(8)2011 年第二届休闲食品研讨会将于 9 月 30 日在南昌进行。

(9)2011 年 9 月 10 日晚报发表了休闲食品需求旺盛的调查报告，并预计明年增 35%。

二、训前知识

(一)信息的分析

信息的分析是以用户的特定需求为依托，对收集整理后的信息运用定性和定量的手段，通过分析、推断、综合等系列化的加工过程，形成新的信息，为决策提供科学的依据。

信息分析的主要方法有：

逻辑思维分析法、专家调查法、时间序列分析法、回归分析法、层次分析法和内容分析法。

(1)逻辑思维分析法。逻辑思维分析法主要包括比较法、分析与综合法、推理法等。

①比较法。比较法就是通过两个或两个以上的研究对象进行对照，找出研究对象的共同点和差异点的一种研究方法。比较可以从时间与空间、局部与全部、性质与数量等方面进行，其结果是得到研究对象的真假、水平的差距或发展的规律。

②分析与综合法。分析法是将复杂的事物分解成各种要素及其关系，并通过比较各要素之间的关系，由表及里、由此及彼，达到认识事物的一种分析方法。具体分为因果分析、求同分析、求异分析、共变分析、相关分析等。综合方法是指将与研究对象相关的各个部分、侧面和属性联系起来考虑，从整体上把握事物的特点和发展规律，从而获得新的结论的一种思维方法。

③推理法。分为归纳推理和演绎推理。前者是指由一系列个别现象得出一般性结论的方法。后者是运用数学运算和逻辑证明，以一般原理为前提，推导出特殊或个别的结论的逻辑方法。

(2)专家调查法。专家调查法又称德尔斐法，即通过征集专家意见并以此作为决策的一种方法。它充分利用专家的知识与经验，最大限度发挥专家的个人创造能力。它具体又分为专家会议讨论法和头脑风暴法。

(3)时间序列分析法。时间序列是按时间顺序排列的一组数字序列，其时间间隔可以是任意的时间单位，如小时、日、周、月等。时间序列分析就是利用这组数列，应用数理统计方法加以处理，以预测未来事物的发展。主要有简易平均法、移动平均法、指数平均法、趋势平均法和季节变动法等。

(4)回归分析法。回归分析法是从各种事物之间的因果分析出发，通过对与研究对象有联系的事物和现象变化趋势进行分析，并在此基础上预测研究对象未来数量状态的一种方法。它分为一元线性回归分析法、多元线性回归分析法和非线性回归分析法。

(5)层次分析法。层次分析法是将与决策总是有关的元素分解成目标、准则、方案等层次，在此基础之上进行定性和定量分析的决策方法。它的优点是简单明了。操作过程为：建议模型、构成对比矩阵、计算权向量并做一致性检验、计算组合权向量并做组合一致性检验。

(6)内容分析法。内容分析法是对文献内容进行客观、系统、量化分析的一种科学研究方法。它与文献分析法的区别是它只对单个样本作技术处理，将其内容分解成若干分析单元，评断单元内所表现的事实，作定量的统计描述。主要过程有确定选题、选择分析单元、设计类目表格、评判记录、信度分析、分析数据、得出结论。

(二)信息汇报

1.确定信息汇报的内容

确定哪些内容是必须进行汇报的,过滤出不需要的信息内容。

2.信息汇报的方法

办公室人员应根据信息的形式、类型、使用目的及信息接收者的不同,选择有效的信息汇报方法。信息汇报的方法主要有语言汇报、文字汇报、电讯汇报、可视化辅助物传输。

3.选择并确定汇报信息的形式

信息汇报的形式主要有:①信件;②备忘录;③报告;④通知;⑤指示;⑥新闻稿;⑦企业内部刊物;⑧传阅单;⑨新闻发布会;⑩声明。

4.确认信息汇报质量

对于汇报出去的信息,应该确保接收者能够接受。办公室人员可以通过反馈或检查来了解接收者的反应和接收效果。

5.信息汇报的注意事项

(1)区别对象,按需汇报信息。高层决策者需要综合性和预测性的信息;基层管理者主要需要具体的业务信息。办公室人员要针对不同对象的不同需求,因人因事而异,进行信息汇报,以提高信息的利用率。

(2)做好例行信息的汇报工作。信息工作是办公室人员工作的重要组成部分,信息的上传下达都要经过办公室人员。为此,办公室人员要做到:每天将当天的邮件、信函及时转交;汇报前一天交办事项的执行情况;定期编写内部资料,发布有关信息。

(三)信息的传递

办公室人员提供信息服务不仅仅是针对直接上司汇报信息,其枢纽地位决定了他还要联系内外、沟通组织上下左右,为此办公室人员的信息服务范围非常广泛。根据传递信息方向分,其信息传递工作范围包括:

(1)自上而下。将管理层的决策管理信息传递给下级部门。

(2)自下而上。将下级部门的工作动态、成果、问题、要求等及时汇报给管理层。

(3)平行往来。通过各种信息传递,使各部门协调工作、互相配合。

(4)自内而外。将组织内的信息传递给社会其他组织,如信息发布。

(5)自外而内。将各种对企业经营管理活动有用的信息及时传递给组织内的有关部门或人员。

三、实训

(一)实训任务

信息分析与汇总。

(二)实训目的

能对整理后的信息资源进行分析。

能选择正确方法来汇总信息。

(三)实训成果

根据“任务描述”,每组提交信息汇总信息稿。

(四)实训指导

(1)将收集到的信息进行筛选,选出具有借鉴价值和参考作用的信息。

(2)对筛选出来的信息进行分类,使信息条理化,以方便查找利用。

(3)利用逻辑思维分析法对信息作出分析。

(4)选择几条有价值的信息,整理成一篇500字的信息稿。信息稿可以从食品原料信息、食品需求信息、食品销售走势等方面进行写作。

四、相关链接

(一)信息存储

信息存储是用科学的管理方法,将有保存价值的信息系统化,以便日后利用。

1.信息存储的载体

(1)纸质载体。纸质载体是目前使用最多的信息存储载体,具有记载和阅读方便的特点,比磁性或其他媒体的存储程序更具标准化。

(2)磁性载体。磁性载体的类型主要有:①软盘;②硬盘;③磁带;④光盘;⑤缩微品。

2.信息存储的装具与设备

信息存储装具与设备有文件夹、文件盒、文件袋、文件柜与文件架(如直式文件柜、横式文件柜、敞开式资料架、卡片式储存柜、显露式文件柜)。

3.信息存储管理系统

信息存储管理系统有信息集中管理系统、信息分散管理系统、信息计算机辅助管理系统。

4.信息存储的要求

(1)选择有使用价值的信息存储。

(2)按信息内容确定存储期,对过期的信息及时进行调整和清理。

(3)分类存储信息,防止存储信息受到损坏、失密。

(4)信息的存储要便于查找和利用。

5.信息存储的程序

(1)登记,建立信息的完整记录,系统地反映信息存储情况。

(2)编码,登记存储的信息要进行科学的编码。信息编码的方法有顺序编码法和分组编号法。

(3)排列,对经过编码的信息要进行有序化的存放排列。

(4)保存,方式有手工存储、计算机存储、电子化存储和缩微胶片存储。

(5)保管,做到防火、防潮、防高温、防虫害,防失密、防泄密、防盗窃,定期或不定期进行清点。

(二)不同载体信息的保密措施

信息的保密是办公室人员基本的和重要的职责之一,是保证企业利益的起码要求。从载体上分,信息的保密工作包括口头信息的保密、纸面信息的保密和电子信息的保密。

要做好信息的保密,对不同信息载体应该采用不同的措施,如表 11-1 所示。

表 11-1 不同载体信息的保密措施

信息载体	表现形式	保密措施
口头信息	语言、电话	1.员工在岗前培训时就应该被告知不要在企业内部或外部谈论有关单位的保密信息,包括对其他工作人员、客户、朋友和亲属。 2.在没有确认对方身份和是否被授权获得信息之前,不要通过电话、手机、答录机给出保密信息。 3.只向来访者提供组织允许提供的信息,若超出范围,应向上司汇报。 4.遵照会议的要求传达会议信息。

续表

信息载体	表现形式	保密措施
书面信息	纸张、各种胶片等物质作为载体的文字、表格、图形	1.接收任何保密文件、资料等都要签收并登记。 2.文件或其他纸面保密信息只发给或传阅到被授权的人员,并要签收。 3.在传输保密文件或资料时,要放在文件夹、盒中携带,以防失密或散落丢失。 4.所有保密的信息应归类在专用文件夹中,并清楚标明"机密",保存在带锁的、防火的柜子里。 5.离开办公室时,不把机密信息和文件留在办公桌上,应锁入抽屉或柜子里,并锁好门窗。 6.用邮件发送保密信息,信封要贴封口,并标记"秘密或保密"。 7.为了确保安全,高密级信息可以由工作人员亲自送交收件人。 8.复印完成后应将保密原件取走,不要留在复印机上。 9.当传真保密信息时,需使用具有保密功能的接收设备或要求接收人等在传真机旁即时收取。 10.极为重要且不常使用的纸面信息可以制成缩微胶片,保存到银行保险柜里。 11.不再需要的保密文档要粉碎。
电子信息	主要指计算机信息	1.计算机显示器应放置在他人看不到屏幕的地方,如果来访者走近,应迅速滚动页面或关小亮度,或保存你的信息,关闭显示器。 2.计算机打印保密材料要人不离机,负责保存和传输。 3.在提交电子信息给他人之前,应向上级核对,不能给未被授权的人。 4.每一个使用者应该有自己的识别码,密码必须保密,并经常更换。 5.应该使用密码来保护计算机数据,并定期更换。 6.计算机必须经常进行查毒、杀毒,并且为了安全,不要安装借来的程序。 7.重要的文件要设置密码,并做备份,存储在安全、加锁的地方。 8.有保密信息的软盘不应该带出单位,以防止数据落到不应得到这些信息的人手上。 9.有可能计算机应该安装警报系统,防止信息被盗。

(三)信息保密工作的具体要求

1.加强文件的管理

严格执行《关于阅读中共中央和国务院有关文件资料的规定》,做好借阅工作。机密文件每半年进行一次清理,凡属保密性文件的均应由机要室或相关部门指定专人保管,不得散落在个人手里。机密文件和资料,均应按年度清理上缴或销毁。凡机要文件,未经领导同意不得外传外借,更不能复印给其他单位和个人。

2.注意办事过程的信息保密

接待外事工作，要坚持原则，友好接待，防止失密、泄密。传达室要建立会客登记制度，严防窃密人员混进企业内部窃取文件资料。上下班要对桌面上的文件进行清查。打印、传真、复印文件时，要履行部门负责人或领导签注手续，私人不得印制或传真。

3.做到“保密守则”的“八不”

不该说的机密，绝对不说；不该问的机密，绝对不问；不该看的机密，绝对不看；不该记录的机密，绝对不记录；不在非保密本上记录机密；不在私人通信中涉及各种机密；不在公共场所和家属、子女、亲友面前谈论机密；不携带机密材料展览、参观、探亲、访友和出入公共场所。

4.保证单位机密安全

把保密工作落实到业务工作中去，将其作为搞好本职工作的一项重要内容来对待。掌握一定的保密知识。如随着办公自动化的发展，计算机的应用逐渐广泛，计算机内储存着大量的秘密信息，这就要了解、掌握计算机的技术特性，做到既要应用又要保密。

学会使用各种商业密码保密装置，安装防火墙等措施。办公室人员要保证自己知密而不泄密。

五、 拓展训练

通过百度“风云榜”，收集最近的热点事件，然后在分析的基础上，将这一热点事件报告给领导。

问卷星的使用　　办公室信息管理

第四编　办公室专项工作

DISIBIAN
BANGONGSHI ZHUANXIANG GONGZUO

项目十二
活动的组织与安排

前面的话

每个单位每年都会举办或大或小的活动来庆祝新年，或发布产品，或者团队建设等。 此次项目的设计为大型活动的组织，目的在于通过大型活动的组织培养你的协调能力。

在任务一中，你将通过策划与组织周年庆典暨表彰大会，了解周年庆典的方案如何撰写，它们的工作流程是什么，并具备活动组织与策划能力。 目的是在培养你的协调能力的同时，培养你的团队合作意识。 在任务二中，你将了解新产品发布会的特点和新产品组织与策划方面的知识，同时还将培养你的新产品发布准备、实施方面的能力。 目的是提升你的协调能力和掌握大型活动的组织能力。

项目关键词

⊙ 庆典活动策划与准备　⊙ 新产品发布会策划与准备　⊙ 员工休闲活动的组织

职场导例

陈胜贤大学毕业后回到家乡广州，应聘于广州市一家电子科技有限公司的办公室从事文员工作。工作中，他踏实肯干，善于与人沟通，加上专业基础较好，很快胜任了日常秘书工作。该公司去年斥巨资，开发了一款用于汽车的巡航系统，并申请了专利。凭借产品的先进技术和合理的营销策略，产品很快受到了人们的欢迎，到了2013年底该产品的市场占有率达到12%，实际利润2300多万元。为了表彰先进，鼓励员工，凝聚人心，公司决定在2013年12月24日晚举行一次庆功表彰会。办公室主任让陈胜贤负责这次活动。陈胜贤以前在学校的时候也组织过此类活动，并取得了很好的效果。他接到任务后，参照以前在学校时的方案，很快就写出了方案，领导也同意了他的方案。因为时间紧迫，陈胜贤依据方案开始做准备。开始的准备活动能有条不紊地进行，可是后来发现按方案很多工作无法完成，比如会场布置的标志和横幅制作，以前委托别人制作只要两三天就可以完成，可是现在因近年底最快也要5天。再如领导讲话稿安排同事小谢完成，可是最近领导又安排他去出差，也无法完成。表彰证书的制作，由于打印机坏了，浪费了很多证书芯，又得重新购买。这次活动让领导最不满意的是颁发证书时，由于没有预演，发证全乱套，不仅证书发错了，而且连奖品有不少领错了。最后公司吕总要求行政办公室好好"总结"这次活动的问题。活动刚结束，陈胜贤就被办公室主任叫到主席台后面，狠狠地批评了一顿。

办公室主任是一位恩威并施的领导，批评了陈胜贤一顿之后，又对几个组织活动的员工进行了肯定，承认他们为这次活动付出了很多，最后让陈胜贤安排会务组的员工在活动结束后去"放松"一下。于是，在清理好会场后，陈胜贤就组织大家去附近的歌舞厅唱歌。大家边唱歌边喝酒助兴，想到付出和结果不对称，个个借着酒劲发牢骚。

办公室絮语：活动能否成功，最关键的是前期的准备工作和现场控制，如果前期工作准备得充分，整个活动的推进会非常顺利，并且活动的效果也有较好的保证。有时准备得再好，活动现场也经常会出现意料之外的事件，这就要求活动的组织者作出及时的反应，因此活动现场的控制也十分重要。案例中，陈胜贤的工作出现问题很多是前期准备不足造成的，当然他们现场控制能力也显不足。另外，活动后没有反省反而发牢骚，显然不对。

任务一　庆典活动的组织

一、任务描述

还有两个月，就是富临食品公司成立10周年的日子，为了扩大公司知名度、凝聚员工人心、感激客户的支持，公司决定利用这个机会举办"感恩客户共享盛典"10周年庆典系列活动。初步确认举办下列活动：由客户部组织新老客户座谈会，由市场部和销售部组织"满100返现30""送机票""赠泰国游"等促销活动，由行政部组织10周年庆典晚会。行政部办公室主任安排周嘉玲来负责此项活动，并初步确定晚会时间为2小时，其中包括庆典仪式30分钟，表彰颁奖30分钟，娱乐节目1小时，总经费10万元。

二、理论知识

(一)庆典活动

庆典活动是为庆祝、纪念某一重大事件而举行的一种公共关系专题活动。对一个组织来讲,值得庆贺和纪念的重大事件、日子是很多的,如开业、周年等。在这些特殊的日子,举行一定规模、隆重而又热烈的典礼活动,对宣传组织、提高组织的知名度具有十分重要的作用。举行庆典活动的目的在于联络公众、广交朋友、增进友谊、扩大影响。

1.典礼仪式的类型

常见的典礼活动的类型有:

(1)开幕典礼。指为第一次与公众见面的、具有纪念意义的事件而举行的庆祝活动,如开业典礼,新大楼、新建工程奠基典礼,展览展销会开幕等。

(2)周年纪念日。指社会组织成立至今已经达到几周年时开展的庆祝活动,如周年庆。

(3)其他纪念日。指组织遇到某一具有“里程碑”性质的事件而举行的活动,如某一学校由中专变为大专;某一企业技术改造成功,新产品开始投放市场;某一组织重大改革方案的出台等。

2.典礼仪式的筹备

做好典礼仪式筹备工作、拟写筹备方案,首先要弄清楚典礼的时间、地点,会议的主题,参加会议的对象等要素;其次是按照庆典方案做好各项筹备工作。秘书等人员必须熟知庆典的时间、地点、具体流程以及整个过程中的礼仪规范。

(1)成立庆典筹委会。专门策划并落实庆典工作。庆典牵涉方方面面,各项工作相互链接,相互联系,彼此交叉,必须统筹安排,因此,组织、沟通和协调非常重要。通过成立筹委会来及时协调、组织各项筹备工作,能够提高筹备工作效率。

(2)确定庆典活动主题,精心策划活动方案。企业经过一段时间的发展,已经在公众中树立了良好的形象,因此举办方应当根据举办庆典活动的具体目的以及社会环境、人文环境等因素来确定本次活动的主题。主题确定后,组织人员策划拟写庆典方案。方案应从全局出发,紧紧围绕活动主题。

(3)选择时间和地点。

①时间的选择。时间的选择要考虑:主要嘉宾和领导能够参加、大多数邀请对象能够参加。此外,还要注意天气变化,尽量避开节假日。

②地点的选择。一般来说,地点应设在企业经营所在地或租用大型会议场所。要考虑场地是否够用,场内空间与场外空间的比例是否合适,交通是否便利,停车位是否足够。

(4)确定活动的对象。

①要确立邀请对象。邀请对象要尽量全面，并考虑到今后单位的发展。邀请上级领导以提升档次和可信度；邀请工商、税务等直接管辖部门，以便今后取得支持；邀请潜在的、预期的未来客户是企业经营的基础；邀请同行业人员，以便相互沟通合作。一般来说，邀请的主要人员有：政府领导、社会名流、上级领导、同行人士、员工代表、新闻记者等。

②要做好邀请工作。可以电话邀请，还可以制作通知，发传真。更能够表明诚意与尊重的方法是发请柬、邀请函或派专人当面邀请。出席典礼的人员一旦确定，应提前一至两周发送请柬，以便对方安排时间，按时赴会。在活动举办前2~3天最好电话核实有无变动，对贵宾宜在活动举办前再核实一次。

请柬的印制要精美，内容要完整，文字要简洁，措辞要热情。被邀者的姓名要书写整齐，不能潦草马虎。一般的请柬可派人员送达，也可通过邮局邮寄。给有名望的人士或主要领导的请柬应派专人送达，以表示诚恳和尊重。

(5)做好典礼的宣传工作。

①企业可以利用报纸、杂志等视觉媒介物和运用电台、电视台等大众媒体等方式进行舆论宣传，提高典礼的知名度；同时，在企业建筑物周围设置醒目的条幅、广告、宣传画等也可以起到宣传的作用。

②广告或告示的内容一般包括典礼举行的日期、地点、企业的经营范围及特色等。

③广告或告示一般宜在典礼前的3~5天发布。

④企业还可邀请一些记者，在典礼仪式举行之时到现场进行采访、报道，予以正面宣传。

(6)场地布置。为显示隆重与敬客，可在来宾尤其是贵宾站立之处铺设红色地毯；在场地四周悬挂标语横幅；悬挂彩带、宫灯，在醒目处摆放来客赠送的花篮、牌匾、空飘气球等。

(7)材料、设备准备。来宾的签到簿、本企业的宣传材料、待客的饮料等，亦须提前备好。对于音响、照明设备以及仪式举行之时所需使用的用具、设备，必须事先认真进行检查、调试，以防在使用时出现差错。

(8)拟订庆典仪式的流程。庆典活动的内容和流程因活动内容不同而不同，一般要包括整个庆典活动的内容，可以简单地将活动内容罗列，也可以详细利用表格等形式进行罗列。

(9)编制经费预算。根据庆典的规格和规模作出可行的经费预算。一般有租场费、印刷费、会场布置费、茶点费、礼品费、文具费、邮费、电话费、交通费等。

(10)做好接待服务工作。在举行典礼仪式的现场，一定要有专人负责来宾的接待服务工作。除教育本企业全体员工在来宾面前人人都要以主人翁的身份热情待客、有求必应、主动相助之外，更重要的是分工负责，各尽其职。在接待贵宾时，须由本单位主要负责人亲自接待。在接待其他来宾时，则可由本企业的礼仪人员负责。若来宾较多时，需要为来宾准备好专用的停车场、休息室，并安排好饮食。

(11)做好礼品馈赠工作。举行典礼仪式时赠予来宾的礼品，一般属于宣传性传播媒介的范畴。根据常规，向来宾赠送的礼品应具有三大特征：一是宣传性，可选用本企业的产品，也可在礼品及其外包装上印本企业的标志、广告用语、产品图案、开业日期等；二是荣誉性，要使之具有一定的纪念意义，并使拥有者对其珍惜、重视，并为之感到光荣和自豪；三是独特性，它应当与众不同，具有本单位的鲜明特色，使人一目了然，或令人过目不忘。

3.实施典礼的程序

(1)迎宾。接待人员在会场门口接待来宾，请来宾签到后，引导来宾就位。

(2)典礼开始。主持人宣布典礼正式开始，全体起立，奏乐，宣读重要嘉宾名单。

(3)致贺词。由上级领导和来宾代表致祝贺词，主要表达对企业的祝贺，并寄予厚望。贺词由谁来讲事先要定好，以免当众推来推去。对外来的贺电、贺信等不必一一宣读，但对其署名的单位或个人应予以公布。

(4)致答词。由本企业负责人致答词。其主要内容是向来宾及祝贺单位表示感谢，并简要介绍本企业的经营特色和经营目标、历年来取得的主要成绩等。

(5)揭幕(或剪彩等)。如果是开业典礼，需要由本企业负责人和一位上级领导或嘉宾代表揭去盖在牌匾上的红布，宣告企业正式成立。参加典礼的全体人员鼓掌祝贺，在非限制燃放鞭炮的地区还可燃放鞭炮庆贺。

(6)参观。如有必要，可引导来宾参观，介绍本单位的主要设施、特色商品及经营策略等。

另外，迎接首批顾客，可采取让利销售或赠送纪念品的方式吸引顾客。也可以邀请一些有代表性的消费者参加座谈，虚心听取消费者的意见，拉近与消费者的距离。

(二)典礼仪式的礼仪要求

典礼仪式的礼仪要求指在典礼仪式过程中举办方和宾客方应该遵循的礼仪规范。

1.举办方的礼仪

对典礼的组织者来说，整个仪式过程都是礼待宾客的过程，企业每个人的仪容仪表、言谈举止都关系到企业的形象。为此，作为典礼仪式的举办方，应注意以下礼仪：

(1)保持良好的个人形象。仪容仪表要整洁，组织方参加人员事前应适当修饰，女士化淡妆，男士应整理好发型，面不留须。服饰要规范，男女都应穿颜色庄重的套服，配饰和谐，举止行为要文明。过程中，主办方人员要约束自我行为，不得嬉笑打闹，不得做与典礼无关的事。要精力集中，注意典礼每个细节。

(2)准备周全。要做好各项准备工作，如按时发放请柬，安排好礼宾次序等。

(3)遵时守约。典礼要严格按规定的仪式起止时间进行，言而有信；企业方每个人员都要准时出席，不得迟到、无故缺席或中途退场。

(4)礼遇宾客。作为主办方，要主动问候，遇到来宾要主动热情问好，对来宾提出的问题予以友善回答。要热情友好,当来宾发表贺词后,应主动鼓掌感谢,不随意打断来宾讲话,更不能向来宾提出挑衅性问题。

2.宾客礼仪

参加典礼仪式的宾客应尽量做到以下几点:

(1)准时参加,为主办方捧场。如有特殊情况不能到场,应该尽早通知主办方,并表示歉意。

(2)赠送贺礼。在典礼前或典礼时,可送些贺礼,如花篮、镜匾、楹联等表示对主办方的祝贺,并在贺礼上写明庆贺对象、庆贺缘由、贺词及祝贺单位。

(3)主动交往。见到主人应向其表示祝贺,并说些祝愿的吉利话。应礼貌地与相邻的宾客打招呼,通过自我介绍、互换名片等方式结识更多的朋友。

(4)贺词到位。致贺词时,要简短精练,不能随意发挥,拖延时间,表现要沉着冷静、心平气和,用语要文明,少用含义不明的手势。根据典礼进行情况,做一些礼节性的附和,如鼓掌、跟随参观、写留言等。

(5)礼貌告别。典礼结束离去时,应与主办单位领导、主持人、服务人员等握手告别,并致谢意。

三、实训

(一)实训任务

根据任务描述,拟写10周年庆典活动方案。

(二)实训目的

能掌握庆典活动的类型。

能够做好庆典的准备工作。

能够按照程序安排庆典活动。

(三)实训成果

每组提交10周年庆典活动方案。

提交请柬样本。

(四)实训指导

(1)撰写活动方案需要了解方案的主要构成,一般包括庆典活动主题、时间、地点、参加活动对象、准备工作日程表、工作人员职责表、活动流程、活动经费预算以及紧急预案等内容。

(2)时间的确定要考虑参加活动的方便,同时又不影响工作,避免节假日。场地选择应考虑符合活动举办的性质,交通方便,大小适宜。

(3)人员安排可以按功能组来划分,将相类似的项目归于同一个功能组,工作要求明确,责任落实到人。

(4)场地布置要喜庆、隆重,重点布置会场和主席台,要注意音响灯光设备的安排。

(5)经费预算要先紧后松,注意节约,留有余地。

(6)活动流程先安排庆典仪式和表彰,然后安排娱乐项目。各个项目之间的时间安排在保证紧凑的情况下,要留有机动时间。

(7)活动会务工作分工可用表格形式列出,应包括工作内容、工作要求、完成时间和责任人。

四、 相关链接

(一)剪彩仪式

剪彩仪式,通常指单位举办展览会、展销会或新设备、新工程竣工启用时举行的庆典活动。剪彩仪式是一种常见的商务活动,它通常是开业典礼当中的一个环节。秘书应该熟练掌握剪彩仪式中的礼仪要求。

1.剪彩的准备

一般来说,剪彩仪式的准备工作和开业典礼的准备工作大同小异。剪彩的目的也是引起社会上众多人士的注意,扩大宣传效果,提高企业的知名度。

2.剪彩人员的确定

(1)剪彩人员。一般由上级领导、主管部门负责人或某一方面的知名人士来担任,因此,应由举办剪彩活动单位的领导亲自出面或委派代表专程邀请。若要邀请几位剪彩者一同剪彩(一般最多不超过 5 人),应事先征求每位剪彩者的意见,得到同意后才能正式确定下来。

(2)助剪人员。助剪人员指在剪彩过程中为剪彩者提供帮助的人员,多为举办方的礼仪小姐。礼仪小姐常由举办方挑选年轻、精干、身材和相貌较好的年轻女职员担任,也可以到礼仪公司聘请。

剪彩仪式上礼仪小姐的分工如下:

①迎宾:在活动现场负责迎来送往。

②引导:在进行剪彩时负责带领剪彩者登台或退场。

③服务:为来宾尤其是剪彩者提供饮料等生活关照。

④拉彩:在剪彩时展开、拉直红色缎带。

⑤捧花:在剪彩时手托花团。

⑥托盘:为剪彩者提供剪刀、手套等剪彩用品。

3.剪彩仪式用品的准备

剪彩用品主要有红色缎带、新剪刀、白色薄纱手套、托盘以及红地毯等。

4.剪彩的一般程序

剪彩仪式,通常应包含以下5项基本程序:

(1)请来宾就位。在剪彩仪式开始时,即应敬请大家在已经排好顺序的座位上就座。在一般情况下,剪彩者应就座于前排,可按照剪彩时的具体顺序就座。

(2)宣布仪式正式开始。在主持人宣布仪式开始后,乐队应演奏音乐,现场可燃放鞭炮,全体到场者应热烈鼓掌。此后,主持人向全体到场者介绍到场的重要来宾。

(3)进行发言。发言者依次应为东道主单位的代表、上级主管部门的代表、地方政府的代表、合作单位的代表等。其内容应言简意赅,每人不超过3分钟。

(4)剪彩。此刻,全体人员应热烈鼓掌,必要时还可奏乐或燃放鞭炮。在剪彩前,须向全体到场人员介绍剪彩者。

(5)参观。剪彩之后,主人应陪同来宾参观被剪彩之物。仪式至此宣告结束。随后,主办单位可向来宾赠送纪念性礼品,并以自助餐款待全体来宾。

5.剪彩的礼仪

(1)举办方的礼仪。

①布置好会场。可用会标、彩旗、气球、花篮、花盆、红地毯等布置会场。

②做好来宾和剪彩者的引导工作。剪彩者到达后可先安排在休息室休息,等主要人员到齐后再由工作人员引导剪彩者和主要来宾到达剪彩现场。

③主办方发言要顾及来参加剪彩仪式的每一位剪彩者,同时要对来宾致以谢意。

④助彩人员即礼仪小姐要落落大方,举止优雅,步调一致,体现出良好的素质和风度。

⑤剪彩仪式结束后,举办方应组织参观或聚会,并向来宾赠送礼品,以尽地主之谊。

(2)剪彩者的礼仪。

①衣着、服饰要大方、整洁,容貌作适当修饰,看上去容光焕发、充满活力,女性要化淡妆。

②举止文雅。当宣布剪彩开始时,剪彩者要面带微笑,步履稳健地走向礼仪小姐扯起的彩带,礼貌地拿起托盘上的剪刀,庄重认真地剪断彩带,同时,注意与礼仪小姐配合。

③剪彩完毕,应转身向四周的人们鼓掌致意,所有来宾和与会人员应鼓掌响应。

(二)剪彩仪式的由来

剪彩仪式源于一次偶然事件。1912年,美国的圣安东尼奥州的华狄密镇有一家大百货公司将要开业。开张这天的一大早,老板按当地风俗,在开着的店门前横着放了一条布带，防止公司未开张前有闲人闯入。这时，老板 10 岁的女儿牵着一条哈巴狗从店里匆匆跑出来，无意中碰断了这条布带，等在门外的顾客以为这是该店为了开张致喜搞的“新把戏”，便蜂拥而入，争先购物，真是生意兴隆。不久，当老板的一个分公司又要开张时，想起第一次开张时的盛况，又如法炮制，这次是老板有意让小女儿把布带碰断，果然财运又很好。于是，人们认为公司、店铺开张时，让女孩碰断布带是一个极好的兆头，争相效法。后来，人们用彩带取代了颜色单一的布带，并用剪刀剪断；执行人也由小女孩改成年轻的姑娘，后又由当地官员或社会名流所替代，人们还给这种做法正式取名为“剪彩”。时至今日，剪彩已风靡全球，成为商务公关、开业志庆的一种重要仪式，并约定俗成地形成了一整套礼仪规范和要求。

五、 拓展训练

某公司准备于 6 月 1 日举行开业典礼，届时公司张总经理将和市政府领导及市工商局领导一起担任剪彩嘉宾。可是到了 6 月 1 日，天下起了大雨，虽然庆典前有所准备，但参加剪彩的人还是被淋湿了一身。虽然没有人抱怨，但庆典的气氛却大打折扣。

问题：作为秘书应如何避免这种情况？请写一份紧急情况预案。

任务二 组织员工休闲活动

一、 任务描述

2013 年对于某市富临食品公司来说是一个收获之年，不仅利润增加了 80%，而且在 15 日举行的华南食品国际博览会上获得了大量订单，第二年全年的销售量基本完成。再过一周就是春节，公司为了促进部门、员工间沟通交流，增进部门、员工间感情，提高部门、员工合作精神及团队协作意识，培养员工对企业的归属感，决定组织员工外出搞一次拓展活动。时间初定于 2014 年 1 月 28 日，地点为市职工休养中心，经费 3 万元。周嘉玲在学校时就喜欢户外活动，对组织这类活动情有独钟，当了解到公司要组织这样的活动时，就主动请缨要求负责组织这次活动。

二、 理论知识

(一) 员工休闲活动的类型和形式

(1)公益类活动。包括植树活动、希望工程、公德类主题宣传、灾区捐助、企业内部爱心互助等。

（2）旅游参观类活动。包括名山旅游、海滨旅游、参观名人故居、参观博览会等。

（3）体育运动类活动。包括排球、篮球、乒乓球、羽毛球等球类活动；趣味运动会；健身操、跳绳等。

（4）文化艺术类活动。包括征文、摄影、书画、专题表演、舞蹈、才艺、雕刻、收藏展览、卡拉 OK 比赛、新年文艺联欢晚会、歌咏赛等。

（5）游戏类活动。包括猜谜活动、游园活动、团队协作游戏、竞猜游戏、沟通游戏等。

（6）生活类活动。包括厨艺大赛、时装秀、集体生日活动、户外烧烤活动、专题表演等。

（二）员工休闲活动设计的要素

在人才竞争的时代，每个单位都希望拥有优秀、健康、凝聚力强的团队，员工休闲活动也因此越来越受到重视。科学地设计员工休闲活动，是活动成功的前提保障。设计休闲活动要考虑以下要素：

1.主题鲜明

员工休闲活动是有组织的活动，必须有一个明确的主题。主题的选择要结合单位的文化特征、地理环境、员工特色、时间因素等，进行充分论证，最后确定。

2.特色突出

活动要力求做到有特色、有创意，可以把休闲活动与单位的企业文化、当地的历史文化、民俗风情、产业特征和自然风光相结合，使活动特色鲜明。

3.全员参与

员工休闲活动是一个单位里群众性的活动，设计时就要考虑让每个人能够参与活动中，实现全员互动。

4.丰富多彩

员工休闲活动要力求丰富多彩，让员工感到不单调、不重复，兴味盎然，回味无穷。

（三）组织员工休闲活动流程

1.成立筹备组，明确人员分工

筹备组可由办公室、人事部门或工会部门负责，工作人员可从各部门抽取整合。筹备组工作人员需要按项目分工负责，如活动通知、场地布置、物品采购、员工组织、后勤保障等。

2.设计活动主题与内容

主题内容要健康向上、轻松、幽默、娱乐有创意。

3.规划预算

做到一次性材料从节俭,纪念性物品从精奇,餐饮和场地从特色。

4.活动宣传

活动方案出来后要积极宣传,要求全员参与,根据活动主题分组准备,活动通知应提前发出。

5.活动准备

要确认各项准备工作的完成情况,保证活动的顺利开展,必要时要进行彩排。

6.活动实施

选择经验丰富、应变力强的人负责统筹指挥,以便能及时解决活动实施过程中可能出现的问题。

(四)员工休闲活动方案

员工休闲方案的撰写,主要包括以下内容:

1.活动目的

每次活动都要有明确的目的。

2.活动主题

可以概括为一句标语或口号。

3.活动时间

具体到年、月、日,开始时间与结束时间。

4.活动地点

要写具体,是户外还是室内,本地还是外地。

5.活动内容及流程

列出具体项目、活动流程、时间安排。

6.人员安排

包括参加活动人员分组、工作人员分工。

7.费用预算

包括车辆运输费、礼品费用、餐费、材料费、其他费用等,并算出活动总费用。

8.道具物品

列出活动道具清单。

9.活动筹备安排表

使用表格的形式,将活动开展前需要完成的各项准备工作用表格的形式写出来,表中应列出完成任务、完成时间、完成要求和责任人等。

10.注意事项

需要提醒或事先准备的事项，如主要安全事项、出行准备等。

三、实训

(一)实训任务

制订一次休闲活动方案。

(二)实训目的

能根据活动目的，确定活动形式。

能根据活动内容写出活动方案。

(三)实训成果

每组提交一份休闲活动方案。

(四)实训指导

(1)根据以上提供的背景材料，确定开展此次休闲活动的目的，并根据员工的特点选定活动的形式。

(2)给该次休闲活动确定一个鲜明的主题，可以概括为一句标语或口号。

(3)落实活动时间，具体到年、月、日，活动开始的时间和结束的时间。

(4)确定活动地点和布置场地；活动地点是本地还是外地，是户外还是室内；活动场地计划怎么布置。

(5)安排好活动内容及流程，列出具体项目、每个项目具体的步骤、大致的时间安排。

(6)做好活动人员安排，包括组织活动的工作人员、参加活动人员的分工等。

(7)做好活动费用预算，包括交通运输费、礼品费、餐费、材料费以及其他费用，并算出总费用。

(8)准备相关的物品。列出活动需要的物品清单，作为方案附件。

(9)列出活动注意事项，如事先的准备、需要携带的物品。

四、相关链接

×××工厂员工拓展活动方案

一、活动目的

增强员工向心力和凝聚力。

增进员工之间的相互了解。

经过一段时间的紧张生产之后,给员工一个放松的机会。

二、活动地点

海滨拓展基地。

三、参加人员

全体员工。

四、活动时间

2013 年 5 月 20 日全天。

五、活动安排

8:30 在厂门口集合,乘车前往海滨基地,9:30 正式开始拓展训练,12:00 吃午饭,然后自由活动或休息,下午游泳,晚上晚餐后返回。

六、活动流程

9:40—9:55,开营仪式。做开训动员;唱厂歌《我们的团队我们的家》。

10:00—11:30 拓展活动。

项目 1:信任背摔

内容:每个队员站在一定高度的台子上身体笔直地向后倒下作“背摔”,此小组其他成员及其他组的同伴在台下接住。

项目 2:生死电网

内容:每组队员需要穿越的是一张与地面垂直的“电网”(绳网),网上的一个洞就是一条生路。通过时身体的任何部分,包括衣服,都不许碰到其边缘,碰到即为“触电”。“牺牲”的同志可以继续前进,但每条生路只能使用一次。

项目 3:飞越天堑

内容:每组队员借助吊绳翻越高墙,通过水塘,然后每次两个队员牵手通过树桩桥,到达一个小山坡。

项目 4:求生墙

内容:在规定的时间内,团队的所有人不得借助任何器具,只凭借相互间的合作,从地面攀上离地高达 4 米的墙顶上。如果有一个人没有攀上或超过了规定的时间,那么就算全体失败。

12:00—12:30,午餐。

12:30—15:30,午休和自由活动。

15:40—17:00,海里游泳。

17:30—18:30,晚餐。

18:50,返回。

七、预算费用

每人 150 元,包括场地费+门票费+餐费+培训费,共计 25000 元。

八、活动组织

办公室负责活动的策划与组织，后勤部安排车辆。

九、其他说明

拓展期间要分好责任，小队长督促队员遵守活动的要求，不能单独行动。

据充分了解，冬天天气对拓展训练影响不大，若天气突变，活动择日举行。

要求员工积极参加，但也要尊重员工意愿。

五、拓展训练

某企业有员工500多人，为了弘扬企业“不断奋进，勇于竞争”的精神，增强企业的凝聚力，经常组织员工开展各类休闲活动。2008年、2009年连续两年组织职工田径运动会，不料两年都发生了员工受伤事件。或是在跳远、跳高时腿拉伤，或是在扔铅球时腰扭伤，100米跑中也有人摔倒。该企业决定2010年改开“职工趣味运动会”。项目有定点投篮、对墙打乒乓球、跳绳、袋鼠跳、齐心协力跑等。结果这次员工受伤的更多，主要是“袋鼠跳”和“齐心协力跑”项目。“袋鼠跳”要求参加者把自己装入麻袋中，然后提着麻袋往前跳，看谁最先到达目的地。该项目看着简单有趣，但速度一快就会被绊倒，因此摔倒好多人。“齐心协力跑”就是3人把左右脚各绑在一块木板上，移动脚前进。比赛在水泥地上进行，没想到水泥地不平，木板被卡住，人由于惯性直接往前摔，摔倒好几队，其中两位员工踝关节损伤严重。

问题：如果由你来策划这个活动，你会如何避免职工在田径运动会上受伤？你如何开展员工体育活动？

童年味道方案

项目十三
办理证照批文

前面的话

根据劳动法，单位应为员工办理社会保险。由单位代缴的社会保险费中有一部分将进入个人账户，这就要求单位为员工办理社会保险证，这些工作基本上由办公室或人力资源管理部门来完成。办公室除了要为员工办理各种证件外，单位的证照批文也要办公室去完成。通过本项目的学习，你将会了解社会保险的基本知识，如办理社会保险卡、为公司办理环保和消防批文。

在任务一中，你将掌握社会保险方面的知识，将学会如何为员工办理社会保险。目的是让你能完成员工社保办理工作。在任务二中，你将会了解环保与消防的政策，掌握办理环保和消防批文的条件，熟悉办理环保和消防批文的操作流程。目的是让你具备办理环保和消防批文的能力。

项目关键词

⊙ 社会保险　⊙ 环保政策　⊙ 消防要求　⊙ 环保与消防批文的办理

职场导例

××市闰泰机械公司最近从内地招聘了10名应届毕业生。劳动法规定，单位应为新进员工办理社会保险证，公司人力资源与行政办公室的刘美是一个有着两年工作经历的文员，她深知刚毕业的大学生非常关心社会保险。这些新员工还在入职培训时，刘美就通知他们提交身份证原件和复印件、电子身份证照片回执，大学生报到证等，并统一给这些新员工办理。她先收集需要办理的社会保险材料，后到社保局窗口提交材料，一个月后新员工的社会保险证办下来了。在办理这些证件时，有些需要个人填报材料。为了让员工形象直观地填写，她除了发大量的屏幕截图外，还制作了短视频，让员工对办证要求和操作一目了然。

办公室絮语：要做好办公室工作，除了掌握国家政策与法规外，还要对办公室岗位所涉及的工作都有所了解,并掌握其办理的过程与原则。案例中,刘美为了让员工填写信息,发送了直观的操作截图和视频,很好地完成了申请信息的填写工作,表现了她对工作的认真与热情。

任务一　办理社会保险

一、任务描述

××市富临食品公司最近招聘了5名新员工,根据劳动法,单位应为这些员工购买社会保险。公司要求办公室助理周嘉玲去办理这些事。

这5人的个人信息如表13-1所示。

表13-1　新员工信息表

姓名	身份证号	婚姻状况	原籍地址	联系电话
张×	22010219770404××××	已婚	吉林长春市南关区	1584567895×
吕×	36242919800405××××	已婚	江西吉安泰和县	1367456859×
李×	34253019870406××××	未婚	安徽省宣城旌德县	1344556798×
钟×	35050019850606××××	未婚	福建省泉州市	1378465975×
刘×	45030519760804××××	已婚	广西桂林七星区	1587459568×

二、理论知识

(一)社会保险政策

社会保险是指国家通过立法,多渠道筹集资金,对劳动者在因年老、失业、患病、工伤、生育而减少劳动收入时给予经济补偿,使他们能够享有基本生活保障的一项社会保障制度。社会保险具有强制性、共济性和普遍性等特征,主要包括养老保险、失业保险、医疗保险、工伤保险和生育保险等项目。前三项为基本社会保险,保险费由企业与个人共同缴纳。后两项完全由企业承担,缴纳基数与比例因地而异。

《中华人民共和国劳动法》规定:凡是招聘员工的企业都得给员工购买社会保险,否则工商营业执照年审时不过关。

(二)企业与员工办理社会保险程序及材料

1.企业办理社会保险登记

企业办理社会保险登记应提交下列材料:营业执照(复印件一份,验原件);组织机构统一代码证书(复印件一份,验原件);开户银行印鉴卡(复印件一份,验原件)或开户许可证(复印件一份,验原件)或开户银行证明原件一份;法人代表身份证(复印件一份,验原件);企业申请网上申报业务经办人的身份证(复印件一份,验原件)。

2.企业办理社会保险的流程

(1)提供营业执照、组织机构统一代码证书等申请材料。

(2)到企业所属辖区社会保险机构指定办事窗口领取表格和单位编号(社会保险登记证编码)。

(3)到社会保险机构征收窗口办理社会保险登记手续。当月15日前(含15日)申请确认的,当月进行登记。

(4)当月16日后申请的,次月进行登记。

3.员工办理社会保险

员工办理社会保险应提交的材料:如果员工是首次参保,则提交身份证原件及复印件、市公安机关认可的第二代身份证数码照相回执(回执须填写姓名、身份证号码)。如果属于下列情况的,还须提交:属调入人员的,需提供劳动、人事部门调动通知书及复印件;属院校毕业分配的,需提供院校毕业生分配函件及复印件;属招工的,需提供劳动部门招工表及复印件;属复、转军人的,需提供复、转军人行政介绍信及复印件;属迁户入或久住居民的,需提供户口簿及复印件。如果已经参加保险,只是保险流动的,只要提交社会保险卡就行了。

员工办理社会保险的程序:登录社会保险局网站;进行网上申报;到缴费所属社会保险机构征收窗口递交资料;待征收窗口确认生效。

三、实训

(一)实训任务

社会保险证。

(二)实训目的

能按要求收集、准备相应的材料。

能正确填写相应的表格。

(三)实训成果

提交社会保险证的申请表。

提交社会保险证所需材料清单。

(四)实训指导

(1)通过网络或电话等方式了解当地办理社会保险证的相关信息,重点了解办理流程、办理地点以及应提交的材料。

(2)利用课余时间到当地辖区环保部门进行考察,了解社会保险。

(3)最好组织统一填写或提供一份填写样本。核对表格时重点核对姓名、身份证号、居住地、服务场所地点内容是否正确。发放时应注意让员工签领。

(4)熟悉本地社会保险办理的相关内容。办理社会保险要求材料齐全,主要有营业执照(事业单位提供事业法人登记证)、由国家质量技术监督部门颁发的组织机构统一代码证书、地方税务登记证、单位开户银行全称及账号等。

(5)办理员工社会保险,公司必须先办理社会保险登记证,与员工签订劳动合同。

实施了网络申请的地区,应注意先在网上申请,然后再提交相关材料。

(6)办理社会保险前要确认员工是首次办理还是保险流动。首次办理程序较多,而保险流动只要提供社会保险卡即可。

(7)取社会保险卡时,秘书应对社会保险卡上的信息进行核对,主要是核对姓名、性别与身份证号等。核对无误后,对社会保险卡进行复印存底。

(8)发放社会保险卡时要求员工签领,并让他们核对卡上信息。

四、相关链接

企业社会保险登记表(表13-2)

表13-2 企业社会保险登记表

缴费单位名称		电话	
单位住所(地址)		邮编	
工商登记执照信息	执照种类		
	执照号码		
	发照日期		
	有效期限		
批准成立信息	批准单位		
	批准日期		
	批准文号		
法定代表人或负责人	姓名		
	身份证号		
	电话		

续表

<table>
<tr><td rowspan="3">缴费单位专管员</td><td colspan="5">姓名</td></tr>
<tr><td colspan="5">所在部门</td></tr>
<tr><td colspan="5">电话</td></tr>
<tr><td colspan="3">单位类型</td><td colspan="3">隶属关系</td></tr>
<tr><td colspan="6">主管部门或总机构</td></tr>
<tr><td colspan="3">开户银行</td><td colspan="3">户名</td></tr>
<tr><td colspan="6">银行基本账号</td></tr>
<tr><td rowspan="6">参加险种及日期</td><td colspan="3">参加险种</td><td colspan="2">参加日期</td></tr>
<tr><td colspan="3"></td><td colspan="2"></td></tr>
<tr><td colspan="3"></td><td colspan="2"></td></tr>
<tr><td colspan="3"></td><td colspan="2"></td></tr>
<tr><td colspan="3"></td><td colspan="2"></td></tr>
<tr><td colspan="3"></td><td colspan="2"></td></tr>
<tr><td rowspan="4">所属分支机构信息</td><td>负责人</td><td colspan="2">名称</td><td colspan="2">地址</td></tr>
<tr><td></td><td colspan="2"></td><td colspan="2"></td></tr>
<tr><td></td><td colspan="2"></td><td colspan="2"></td></tr>
<tr><td></td><td colspan="2"></td><td colspan="2"></td></tr>
<tr><td>备注</td><td colspan="5"></td></tr>
<tr><td rowspan="2">社会保险经办机构审核意见</td><td>单位编号</td><td colspan="2"></td><td>工伤费率</td><td></td></tr>
<tr><td colspan="5">经办人（章）　单位负责人（章）　社会保险机构（章）</td></tr>
<tr><td colspan="6">社会保险登记证编码</td></tr>
</table>

社会保险登记表填表说明：

1.单位名称和住所（地址），需与工商登记或有关机关批准文件上的单位名称和住所（地址）一致。

2.需经工商登记、领取工商执照的单位（如各类企业）填写“工商登记执照信息”栏；不经工商登记设立的单位（如机关、事业单位、社会团体等）填写“批准成立信息”栏。

3.具有法人资格的单位，填写法定代表人有关信息；不具有法人资格的分支机构，填写单位负责人有关信息。

4.单位类型分四大类：企业、机关、事业单位与社会团体。企业要填写详细的企业类型，并与工商营业执照上的填写内容一致；事业单位要填写事业单位类别（如企业化管理的事业单位、非企业化管理的事业单位等）。

5.隶属关系指企业的所属关系，如中央企业、省属企业等。

6.有上级主管部门或是分支机构的单位，应填写“主管部门或总机构”栏。

7.登记证编码由社会保险经办机构填写。缴费单位的社会保险登记申请审核同意后，由社会保险经办机构赋予登记证编码。

五、拓展训练

张宏是天葵公司新进的女员工，身份证号45246619780909××××，她以前没有办理过社会保险，现在月基本工资4000元，请你为她办理社会保险。

任务二　办理环保消防批文

一、任务描述

富临食品公司准备进军餐饮行业，选中了一个面积15000平方米的楼层作为酒楼经营场所。公司为了尽早办好营业执照，行政部经理要求周嘉玲在本周办理好环保、消防的批文。

二、理论知识

（一）办理环保批文申请流程

1.环保项目分类

国家根据建设项目对环境的影响程度，将建设项目分为三类：①对环境可能造成重大影响的建设项目；②对环境可能造成轻度影响的建设项目；③对环境影响很小的建设项目。

这三类建设项目的界定可以参见国家公布的建设项目环境影响评价文件分级审批规定，针对他们对环境影响的不同，管理方法也不相同。

对第一类建设项目，要求编制环境影响报告书，报告书应包括下列内容：建设项目概况；建设项目周围环境现状；建设项目对环境可能造成影响的分析和预测；环境保护措施及其经济、技术论证；环境影响经济损益分析；对建设项目实施环境监测的建议；环境影响评价结论。

对第二类建设项目，应当编制环境影响报告表，报告表由国家环保行政部门制订。环境影响报告表主要内容包括基本情况、工程内容与规模、与本项目有关的原有污染情况及主要环境问题、建设项目所在地自然环境社会环境简况、环境质量状况、评价适用标准、建设项目工程分析、项目主要污染物产生及预计排放情况、环境影响分析、建设项目拟采取的防治措施及预期治理效果、结论与建议等。

对第三类建设项目，应当填报环境影响登记表，主要内容包括项目基本情况、项目周围环境、工艺流程及污染流程、环境情况及排污措施。环境影响报告表和登记表,一般可以在当地环保机构的网站上下载。

2.办理环保批文的流程

(1)Ⅰ类项目环保批文审批流程:申请受理——资料审查——现场勘察——作出审批。

(2)Ⅱ类项目环保批文审批流程:申请受理——资料审查——现场勘察——委托有资质单位编制环境影响报告表——委托有资质的环境技术中心组织审核、提出评估意见——报审申请——作出审批。

(3)Ⅲ类项目环保批文审批流程:申请受理——资料审查——现场勘察——委托有资质单位编制环境影响报告表——报审申请——专家评审——作出审批。

3.办理环保批文的材料

办理环保批文需要提供的材料各地不尽相同,主要有:建设项目环境影响审批申请表,环境影响报告书、环境影响报告表或环境影响登记表,项目平面布置图(设计图)及地理位置图,用地证明材料(规划用地许可证、国土证、租赁合同等复印件),经办人身份证及委托书,营业执照等其他相关资料。

4.办理环保批文的机构

当地环境保护局或其派出机构。

(二)办理消防安全检查合格证

1.办理消防安全检查合格证的场所消防安全的要求

只有符合下列条件才可以办理消防安全检查合格证:

(1)两个以上安全出口,两个出口的,间距不小于5米;

(2)顶棚、墙面的装修材料应为不燃材料,不能有木料、纸、布、塑料及泡沫;电器线路有总保险,并设有符合要求的空气开关,线路穿阻燃管保护(如果是闸刀,则保险丝必须合格,严禁采用铜丝、铁丝做保险)。

(3)配齐合格的消防器材,并保证完好有效(最好增配一些水基型灭火器);卷帘门上有向外开的小门,窗上不能设有防盗栏、网;管理人员必须是培训合格的人员;场所内没有使用和存放易燃易爆物品。

2.办理消防安全检查合格证的场所

下列人员密集场所,建设单位应当向公安机关消防机构申请消防设计审核,并在建设工程竣工后向出具消防设计审核意见的公安机关消防机构申请消防验收:

(1)建筑总面积大2万平方米的体育场馆、会堂,公共展览馆、博物馆的展示厅;建筑总面积大于1.5万平方米的民用机场航站楼、客运车站候车室、客运码头候船厅。

(2)建筑总面积大于1万平方米的宾馆、饭店、商场、市场;建筑总面积大于2500平方米的影剧院,公共图书馆的阅览室,营业性室内健身、休闲场馆,医院的门诊楼,大学的教学楼、图书馆、食堂,劳动密集型企业的生产加工车间,寺庙、教堂。

(3)建筑总面积大于1000平方米的托儿所、幼儿园的儿童用房,儿童游乐厅等室内儿童活动场所,养老院、福利院,医院、疗养院的病房楼,中小学校的教学楼、图书馆、食堂,学校的集体宿舍,劳动密集型企业的员工集体宿舍。

3.办理消防安全检查合格证的材料

办理消防安全检查合格证的材料包括:

(1)消防安全检查申报表。

(2)营业执照复印件或者工商行政管理机关出具的企业名称预先核准通知书。

(3)依法取得的建设工程消防验收或者进行消防竣工验收备案的法律文件复印件(或房产证、土地使用证、租赁合同复印件等)。

(4)消防安全制度、灭火和应急疏散预案;员工岗前消防安全教育培训记录和自动消防系统操作人员取得的消防行业特有工种职业资格证书复印件、身份证复印件。

(5)消防产品质量合格证明文件,出厂合格证;电器检测合格报告。

(6)火灾公众责任保险单;场所装饰装修材料抽样检测合格报告;签订的消防安全责任书。

4.办理消防安全检查合格证的机构

当地消防局。

三、实训

(一)实训任务

办理环保批文和消防安全检查合格证。

(二)实训目的

能根据办理环保批文和消防安全检查合格证的相关要求准备相应材料。

能填写环保批文、户外广告批文和消防安全检查合格证审批表。

(三)实训成果

提交办理环保批文、户外广告批文和消防安全检查合格证的相应材料清单。

提交环保批文、户外广告批文和消防安全检查合格证申请表。

(四)实训指导

1.办理环保批文实训

(1)每组3~4人,先登录本地环保部门的网站,了解本地环保政策,然后填写环保表格。

(2)环保部门对项目环境影响采取分级管理。Ⅰ类为影响较小的项目,Ⅱ类为对环境有影响的项目,Ⅲ类为对环境有较大影响的项目。

(3)不同类型的项目,其过程也不相同,具体流程可以参见“理论知识”中相关内容。

(4)提交的材料有:环境影响申请表、企业名称预先核准通知书、已领经营业执照的提供执照副本、环境影响报告书、立项批文、项目平面图等。

(5)本例为餐饮行业,根据规定应委托有资质单位编制环境影响报告表并组织人员进行审核。

(6)国家对环保审批采取分级审批制度,具体可以参见《建设项目环境影响评价文件分级审批规定》。

(7)国家对环境影响的项目采用分类管理,具体分类见《建设项目环境保护分类管理名录》。

2.办理消防安全检查合格证实训

(1)办理消防安全检查合格证应先登录当地消防机构网站,了解当地办理消防批文的过程和所要提交的材料。

(2)本实训任务中的申报对象是建设面积超过1万平方米的人口密集场所,按建设工程消防监督管理规定,需要在建设时向公安机关消防机构申请消防设计审核,并在建设工程竣工后向出具消防设计审核意见的公安机关消防机构申请消防验收。

3.办理消防安全合格证过程

报送相关资料;项目受理,签收受理通知书;现场查看;领导审批并签发消防安全检查合格证。

4.提交的材料

各地可能有所不同,具体见理论知识部分。

5.申办地点

当地消防局。

四、相关链接

(一)公司注册前应取得的批文

(1)环保批文:生产型、餐饮、娱乐、网吧、汽修企业。批准单位:环保局。

(2)消防批文:餐饮、网吧、娱乐企业。批准单位:消防局。

(3)道路运输许可证:物流、摩托车、汽车维修、汽车营运企业。批准单位:交通局。

(4)医药卫生批文:药品、医疗、药具、医疗器械、生化制品企业。批准单位:药监局。

(5)食品流通许可证:食品生产、批发、零售企业。批准单位:工商局。

(6)卫生批准证书:餐饮、美容、美发企业。批准单位:卫生监督所。

(7)酒类批发许可证:酒类批发企业。批准单位:贸工局。

(8)外商投资批准证书:外商投资企业。批准单位:贸工局。

(9)印刷批文:印刷企业。批准单位:新闻出版局。

》(二)各类申报表样表

1.环境影响评价审批申请表(表13-3)

表13-3 ××区环境保护局建设项目环境影响评价审批申请表

<table>
<tr><td colspan="2">项目名称</td><td colspan="4"></td><td>联系人</td><td></td></tr>
<tr><td colspan="2">项目性质</td><td colspan="4">□新建 □改建 □扩建 □变更</td><td>联系电话</td><td></td></tr>
<tr><td colspan="2">建设工程地址</td><td colspan="4">区/县 路 弄 号</td><td>邮编</td><td></td></tr>
<tr><td colspan="2">建设单位</td><td colspan="4"></td><td>上级主管部门</td><td></td></tr>
<tr><td colspan="2">单位性质</td><td colspan="4">□合资 □独资 □国有 □集体 □民营
□股份制</td><td>行业类别</td><td></td></tr>
<tr><td colspan="2">联系地址</td><td colspan="4">区/县 路 弄 号</td><td>邮编</td><td></td></tr>
<tr><td colspan="2">环评形式</td><td colspan="4">□报告书 □报告表 □登记表</td><td>环评单位</td><td></td></tr>
<tr><td colspan="2">周边保护区</td><td colspan="6">□淀山湖、元荡湖2千米内 □淀山湖、元荡湖2~5千米内和其他水源保护区
□准水源保护区 □非水源保护区 □其他保护区________</td></tr>
<tr><td>项目总投资</td><td>万元</td><td>环保投资</td><td>万元</td><td>建筑面积</td><td>m^2</td><td>占地面积</td><td>m^2</td></tr>
<tr><td colspan="2">主要产品/建设内容</td><td colspan="4"></td><td>产量/规模</td><td></td></tr>
<tr><td colspan="2">主要原材料</td><td colspan="6"></td></tr>
<tr><td colspan="2">主要污染物</td><td colspan="3"></td><td>废水排放去向</td><td colspan="2"></td></tr>
</table>

续表

申报材料 （“□”内打钩）	建设项目	基本材料	□项目建议书或可行性报告或情况说明 □地形图 □总平面图 □环境影响评价文件（原件）及电子文档
		可选材料	□征求有关单位、专家、公众意见及其采纳情况说明及电子文档 □上级部门预审意见 □工业区证明 □立项证明 □规划选址意见 □土地批租协议或产权证或租赁协议 □所在房屋使用性质证明或所在建筑使用功能证明 □污水纳管的有关证明 □其他材料：＿＿＿＿＿＿＿＿
	变更项目		□变更情况说明 □与变更相关的图纸 □原环保部门环评批文 □重新申报的环境影响评价文件 □其他材料：＿＿＿＿＿＿＿＿
	延续项目		□原环境影响评价文件 □原环保部门环评批文
许可决定 送达方式	□邮寄　□自行领取　□其他送达方式：＿＿＿＿＿＿		

2.消防安全检查申请表（表13-4）

表13-4　消防安全检查申请表

（公众聚集场所申请使用营业前消防安全检查适用）

申请单位（章）　　　　　　　　　　　　　　　申报时间：

公众聚集场所名称			
地　址			
主要负责人		联系电话	
使用建筑层数	层至　　层	建筑面积	m^2
办理建筑工程消防监督手续情况	□消防验收合格　　□报经验收备案 □验收备案抽查合格　□未通过消防验收、备案		

续表

现有消防设施： □室外消火栓　□室内消火栓　□自动喷水灭火系统 □干粉灭火系统　□泡沫灭火系统　□水喷雾灭火系统 □气体灭火系统　□火灾自动报警系统　□机械防烟设施 □机械排烟设施　□应急广播　□应急照明 □消防电梯　□消防控制室　□其他设施 是否与其他单位共用消防控制设施：□是　□否 疏散楼梯数量：　安全出口数量： 灭火器实有数量：
其他需要说明的情况：

五、拓展训练

刚毕业的历宏志准备在你的学校附近开一家面包店，该店面积50平方米，根据当地食品安全管理规定，历宏志需要办理食品卫生许可证。

问题：请你告诉历宏志办理食品卫生许可证需要提交哪些资料，工作流程如何？到哪里办理？并帮他填写食品卫生许可证申请表。

环保　　消防　　社保